낙향선비 진세현, 한시로 노래한 **태양 12경**
반곡은 아름다웠다

원작 진경익, 진세현
해설가 윤철원

오늘의문학사

낙향선비 진세현, 한시로 노래한 **태양 12경**
반곡은 아름다웠다

원작 진경익, 진세현
해설가 윤철원

'태양 12경'을 펴내면서

 건국 이래 최대의 국책사업인 세종시의 건설로 옛 연기군 시절의 참모습들은 사라지고 그 시대를 살아온 사람들의 아련한 추억 속에 묻혀있어 안타까웠습니다.

 그러던 차에 평암 윤철원 선생께서 금강 중류 반곡 주변의 자연과 인문환경을 배경으로 지은 태양십이경(太陽十二景)의 한시(漢詩)를 누구나 알기 쉽고 재미있게 풀이하여 세종시 대표 언론사인 「세종의 소리」에 장기간에 걸쳐 연재했습니다.

 독자들로부터 많은 관심과 이해로 우리 지역의 소중한 향토문화를 계승할 수 있는 계기를 부여함은 매우 뜻깊은 일이라 생각합니다.

 이에 그간 집필하느라 고생하신 평암 윤철원 선생과 본 책자를 발간할 수 있도록 적극 협조해 주신 「세종의 소리」 김중규 사장님께 깊은 감사의 말씀을 드립니다.

 태양십이경은 조선 철종 5년(1854)에 반곡에서 출생하신 궁내부 주사를 지내시고 시부(詩賦)에 능하

셨던 화잠(華岑) 진세현(陳世顯) 선생께서 그의 조부(祖父) 진경익(陳炅益.1807~1870)의 유작(遺作) 8경에 4경을 더하여 12경으로 지으신 한시(漢詩)로서 저서 '화잠소창'(華岑消唱)에 실려있습니다.

 이를 발굴하고 번역하여 국립민속박물관 발행「세종시 10년의 변화」에 게재함으로써 150여 년간 묻혀있던 한시를 새로운 세종시의 출범과 함께 일깨워 빛을 보게 노력해주신 국립민속박물관 김호걸 박사님께도 다시 한번 감사를 드립니다.

 아울러 세종시와 행복도시건설청, 한국토지주택공사에서는 본 한시의 훌륭한 향토 문화적 가치를 인식하고 2020년 12월 30일 작가의 고향인 반곡동 819-1번지 길가람수변공원에 태양십이경 시비(詩碑)를 세워 후세에 보존케 됨에 감사드립니다.

 끝으로 본 책자를 발간하기까지 노력과 지원을 아끼지 않으신 모든 분께 다시 한번 고맙다는 인사를 드리며 우리 세종시 향토문화의 무궁한 발전을 기원합니다. 감사합니다.

2024. 2. 24.
반곡역사문화보존회 회장 진영은

'태양 12경'을 펴내면서 — 004

낙향 선비 진세현
반곡에 반해 시 12수 짓다 — 010

처녀 '앵청이'
나루터에서 애틋한 사랑 나눴다 — 019

태양 12경
시비로 다시 태어났다 — 026

'옥토끼' 사는 달님 뜨니
아스라한 '토봉령' — 030

붉게 물든 먼 들녘
소와 양 알아보겠네 — 037

여우바위 목동피리소리
세상에 울려퍼졌다 — 044

산짐승이 왜군
화살 끈 끊어 승리 거뒀다 — 049

측천무후 고사
"니가 왜 반곡에서 나오냐" ― 055

안개 자욱한 금강
보슬비는 소리없이 내린다 ― 060

한여름밤 금강
횃불 만들어 물고기 잡았네 ― 066

맑은 강물 아랫 쪽에 신룡은 어느
시절 용대 밖을 노닐까 ― 072

아~! 착한 며느리, 바위가 됐네 ― 080

넓은 강에 바람부니
물거품이 일어나네 ― 087

부강장에 짙은 저녁노을 펼쳐졌다 ― 095

후기 ― 104

낙향 선비 진세현
반곡에 반해 시 12수 짓다

며칠 전 태풍 힌남노가 지나갔다. 언론매체마다 역대급 태풍이라며 주의를 당부하는 보도가 넘쳐 났지만 세종시 지역에는 큰 피해가 없었으니 감사할 따름이다.

세종시 지역은 국토의 중심부에 위치해 있기 때문에 태풍이 통과한다 하더라도 그 세력이 약화 될 수 밖에 없다. 특히 동쪽의 팔봉산과 서남쪽에 위치한 계룡산, 북쪽의 운주산과 동림산이 강풍을 막아 주기 때문에 타지방과 비교해 볼 때 태풍의 영향을 적게 받는다고 할 수 있다.

옛 연기군 금남면 반곡리의 아름다운 풍광을 노래한 '태양12경'을 12폭 병풍모양으로 만든 시비

 또 금강과 동진강(구 미호천)이 관통하기 때문에 가뭄 걱정을 덜게 하고 있으며, 지질의 단층구조도 비교적 지진에 안전하다는 평가를 받고 있으니 참으로 천혜의 복지(福地)라고 할 수 있다.

 이러한 우리 고장에 대하여 호서읍지(湖西邑誌)는 사람들의 기질이 온순·순박하며 허위 고발이나 이간질하지 않고 부지런히 농사를 짓는 풍습이 있다고 기록하고 있다.

 자연재해가 많지 않았으니 사람들이 모질지 않았고, 인심도 넉넉했으니 조급함보다는 여유를 누리려는 전통을 이어왔던 것인데 그러한 기질이야말로 충청인의 대표적인 모습이라고 할 수 있다.

세종시 지역의 풍광은 이 고장에서 살아온 사람들의 기질만큼이나 부드럽다. 고만고만한 산들이 올망졸망 이어지고 여기저기 지나는 시냇물도 느긋한 비단강(금강)을 닮아서 급하게 흐르지 않으니 사철 물줄기가 마르지 않는다.

그러한 자연 속에서 살아 온 사람들은 남에게 내세우기를 꺼려하며 겸손·순박한 성품으로 예절을 숭상하였으니, 선비의 고장이라는 세평이 과장된 표현은 아니라는 생각이다.

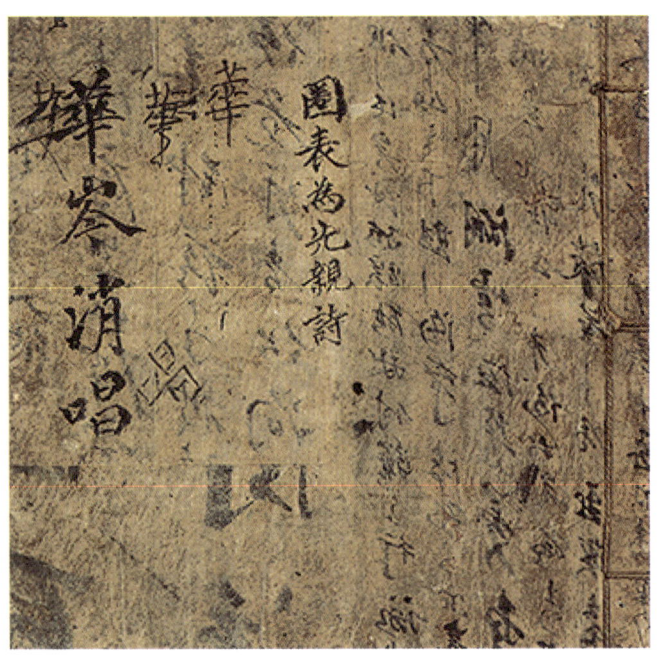

화잠소창

이처럼 어딜가나 부담스럽지 않고 친근한 산천에 묻혀 살았던 우리 선대들이 정겨운 풍광을 노래한 기록은 여러 문헌에서 발견된다.

조선 전기 인물인 서거정이 연기현과 전의현을 노래한 기록은 동국여지승람에 수록되어 있고, 연기현읍지와 전의현읍지에는 여러 선비들의 한시가 수록되어 있다.

또 과거 세종 지역의 명소를 노래한 연기8경은 연기지(燕岐誌)에 남아 있으며, 금강 변의 풍광을 노래한 태양십이경(太陽十二景)은 화잠소창에 수록되어 있다.

이 밖에도 여러 가문에서 소장하고 있는 선대의 문집에도 풍광을 읊은 한시가 많이 수록되어 있는데, 예컨대 강화 최씨 가문의 육일당집, 환재집, 여양진씨 문중의 위정집 등이 있다.

그중에서 화잠소창의 태양십이경, 연기지에 수록된 연기팔경(燕岐八景), 서거정의 한시, 연기·전성 읍지에 수록된 한시를 차례로 소개하고자 한다.

전국적으로 알려진 시는 아닐지라도 가만히 뜯어보면 풍취가 있을 뿐만 아니라, 세종시의 옛 풍광과 현재를 비교해 봄으로써 지역을 이해하는데 도움이 될 것이라는 생각때문이다.

먼저, 태양십이경을 소개한다. 태양십이경은 화잠소창에 수록된 한시이다.

작가는 진세현 선생으로서 여양(驪陽)인이다. 1854년 세종시 반곡동에서 출생하여 1928년 작고하였다. 과거에 급제하여 궁내부 주사를 지내다가 낙향하였으며, 지극한 효성으로 부모를 섬겼던 인물로서 호는 화잠(華岑)이다.

한학에 조예가 깊고 시부(詩賦)에 능해서 생전에 화잠소창과 화잠만집(華岑晚集)을 저술하여 문집으로 남겼다. 화잠 선생은 자신이 살던 반곡리를 태양(太陽)이라는 지명으로 칭하였는데 이는 중국의 고사에서 비롯된 것이다.

당나라의 대문장가였던 한유(韓愈)가 친구 이원(李愿)을 위해 지은 송이원귀반곡서(送李愿歸盤谷序)라는 글의 첫 구절 "太行之陽 有盤谷(태항산의 남쪽에 반곡이 있다)"에서 태양(太陽)을 취하여 반곡(盤谷) 마을과 동격화한 것이다.

그러므로 태양십이경은 낙향한 선비가 고향 산천을 사랑하는 마음을 담아 세종시 반곡동 주변 열두 곳의 자연 풍광을 노래한 문학작품이라고 할 수 있는 것이다.

태양십이경은 서정성이 강한 칠언율시로서 모두 12수인데 문집 화잠소창에 수록된 순서대로 소개하면

제1경 앵진귀범(鶯津歸帆)
앵청이 나루로 돌아오는 배
제2경 토치명월(兎峙明月)
토봉령에 뜬 명월
제3경 나성낙조(羅城落照)
나성리로 저무는 해
제4경 호암목적(狐巖牧笛)
여수배 들에서 들리는 목동의 피리소리
제5경 화산귀운(華山歸雲)
괴화산으로 돌아가는 구름
제6경 봉동조양(鳳洞朝陽)
봉기 마을에서 뜨는 아침 해
제7경 금강소우(錦江疎雨)
금강에 내리는 보슬비
제8경 잠서어화(蠶嶼漁火)
누에섬의 밤고기 잡이
제9경 용대청천(龍臺晴川)
용댕이 나루의 맑은 강물
제10경 월봉기암(月峰奇巖)
전월산의 기암괴석
제11경 합강청풍(合江淸風)
합강에 부는 맑은 바람
제12경 부시낙하(芙市落霞)
부강장의 저녁 노을 등이다.

행복도시로 편입되기 전인 2006년도 반곡리 전경

　12곳의 지리적 위치는 반곡리를 중심으로 금강 상류의 부강장에서부터 나성동에 이르는 구간으로써, 제9경 용대청천과 제12경 부시낙하를 제외하면 모두 세종시 신도심에 편입된 지역이다.

　화잠 선생은 태양십이경에 말미에 '합십이경(合十二景)'이라는 한시와 태양십이경을 짓게 된 경위를 설명하였는데 우선 '합십이경'에 대한 감상을 해보고자 한다.

합십이경(合十二景)
천공위아호배재(天公爲我好培栽)
하늘은 나를 위해 좋은 것을 가꾸시고
십이경현명승대(十二景懸名勝臺)
12경을 명승대에 걸어 놓으셨네.
화하우월장서권(火霞雨月長舒捲)
불타는 노을, 비 잦은 오월엔 보이다 말다 하고

조모풍운자합개(朝暮風雲自闔開)
조석 바람엔 구름이 절로 가렸다 걷히누나
청천유외기암출(淸川流外奇巖出)
맑은 강물 밖엔 기암이 솟아 있고
귀범진시목적래(歸帆盡時牧笛來)
돌아가던 배 사라지니 목동의 피리 소리
차처증무유자도(此處曾無遊子到)
이곳엔 예전부터 유람하는 이가 없었으니
백년유주독배회(百年有主獨徘徊)
백년 주인이 홀로 서성이며 즐겨 본다네

1, 2구절에서는, 자연은 가꾸시는 하늘이 작가 주변에 빼어난 12절경을 주신 것에 감사하는 소회를 밝혔다.

3, 4구절은, 무덥고 비 잦은 우월(雨月) 즉 음력 5월에 내리는 비가 경치감상을 방해한다면서, 아침저녁 바람에 흘러가는 구름도 경관을 가리지만 걷히면 볼 수 있으니 그만하면 족하다는 표현을 한 듯하다.

5, 6구절은, 금강의 맑은 물과 강변에 어우러진 기암, 그리고 강 위를 유유히 오가는 돛단배, 저녁 무렵 소 몰고 돌아오는 목동이 풀피리를 부는 모습을 서정적으로 묘사하였는데 한가로운 강마을 풍경이 연상된다.

7, 8구절은, 그처럼 좋은 경치임에도 세상이 알 턱이

태양 12경 위치도

없다며 작가가 이 절경의 주인으로서 유유자적 즐긴다고 하였다.

이 시를 잘 살펴보면 횃불(火), 노을(霞), 비(雨), 달(月), 아침(朝), 저녁(暮= 落照), 바람(風), 구름(雲), 강(川), 바위(巖), 배(帆), 피리(笛) 등 태양십이경의 12가지 주제가 모두 들어가 있음을 알 수 있다.

국립민속박물관에서 문학적 가치가 높다고 평가한 태양십이경의 시비(詩碑)는 반곡동 수루배마을 3단지 도로 건너 금강변길에 건립되어 있으니 문학에 관심 있는 독자라면 가끔 둘러보는 것도 좋을 듯하다.

앵청이 나루에서 바라다본 지금의 반곡동. 유유히 흐르는 물길이 옛 모습을 회상케한다.

처녀 '앵청이'
나루터에서 애틋한 사랑 나눴다

앵진(鶯津)은 앵청진(鶯聽津)의 줄임 말이다.

직역하면 '꾀꼬리 소리 들리는 나루'라는 뜻이다. 앵청이 나루라고도 불렀는데 수루배마을 3단지 강 건너 맞은편 전월산 자락에 있는 양화 취수장 일원을 말한다.

반대쪽은 햇무리교에서 상류 방향 약 200m 지점에 나루가 있었는데 반곡나루(또는 앵청이 나루)라고 불렀다. 금남면 반곡리와 남면 양화리를 이어주던 이 나루터는 1970년대까지 운영되었으나 시내버스가 시골까지 운행되던 1980년대 들어서 기능을 완전히 상실하고 말았다.

과거 금강의 돛단배는 서해에서 부강포구까지 자유롭게 왕래하였다. 그러다가 1934년 금남교가 개통되면서 돛이 높은 배는 통행에 어려움을 겪었을 것으로 보인다. 금남교 개통 당시 신문 기사에 의하면 '평소 이용에는 지장이 없으나 홍수가 나면 다리가 물에 잠긴다'고 했으니 서울의 잠수교처럼 교각 높이가 낮았던 것 같다.

이 시를 지은 시기는 금남교가 개통되기 훨씬 이전이었기 때문에 돛단배가 물길 따라 자유롭게 오르내렸을 것인데 작가가 살던 반곡마을에서 바라보면 유유히 떠가는 돛단배 모습을 조망할 수 있었을 것이다.

그 당시 세종시 지역에는 모두 20개소의 나루가 있었다. 금강 15개소, 동진강(구 미호천) 5개소 등이다. 이들 나루는 강을 건네주는 역할뿐만 아니라 서해로부터 운반된 해산물이나 소금을 보급하는 거점으로서, 그리고 나루터 인근에서 생산된 농산물을 어촌으로 실어 보내는 선적지로서 역할을 하였다고 한다.

앵청이 나루 인근에도 세종리(양화리, 진의리, 월산리), 반곡동(반곡리), 집현리(봉기리), 소담동(석삼리)과 같은 큰 마을들이 있었기 때문에 나루터 교역이 활발했을 것이라는 생각을 하면서 이 시를 감상해본다.

제1경 앵진귀범(鶯津歸帆)
앵청이 나루로 돌아오는 배
순풍여전왕래시(順風如箭往來時)
순풍에 쏜살같이 배가 오고 가는데
앵헐오제원객비(鶯歇烏啼遠客悲)
꾀꼬리 숨고 까마귀 우니, 먼 길 떠난 나그네 서글퍼지네
도두탄항쟁류처(島頭灘項爭流處)
섬 어귀 여울목엔 물결 흐름 빠르고
가자어아대회기(賈子漁兒大會期)
상인과 어부들 많이 모일 시기라.
회로섬수추상조(路回剡水秋霜早)
섬계로 가던 길엔 가을 서리 벌써 내렸고
지전초강모우지(地轉楚江暮雨遲)
초강에 돌아드니 저녁 비 부슬부슬.
취중수효원굉벽(就中誰效袁宏癖)
그 가운데 원굉 버릇 닮은 이 누구인가?
재래월정호영시(載來月汀好咏詩)
달 비친 강가에서 시 읊음이 좋구나.

첫 구절, 순풍과 왕래라는 표현에서 배(舟)가 생략됐을 것이라는 생각이 드는데, 앵청이 나루 앞 금강을 오

앵청이나루 위치

르내리던 돛단배들이 순풍을 만나 미끄러지듯 내달리는 모습이 연상된다.

둘째 구절, 한동안 청아하게 울어대던 꾀꼬리 소리가 멈추고 그 대신 까마귀가 울어 대는 모습을 그리면서 나그네의 시름에 찬 심정을 표현했다.

셋째 구절에서는 물흐름이 빠른 여울목의 모습을 사실적으로 표현하였다.

넷째 구절의 가자(賈子)는 상인으로, 어아(漁兒)는 어부로 해석함이 좋을 듯하다. 상인과 어부가 많이 모여들 것이라 하였으니, 추수가 끝나고 김장철을 앞둔 시기인 듯하다. 나루마다 배들이 서해에서 올라 온 새우젓과 소금을 하역하고, 미곡상들은 주변에서 매입한 쌀을 배에 싣는 광경을 그린 듯하다.

다섯째 구절은 중국의 세설신어에 나오는 고사를 인용하였다. 명필 왕희지(王羲之)의 아들 왕휘지(王徽之)가 어느 겨울밤 함박눈 쏟아지는 멋진 설경에 반해 술 마시며 시를 읊다가, 갑자기 섬계(剡溪)에 사는 친구 대규(戴逵)와 함께 즐겨야겠다는 생각이 들었다.

그리고 지체없이 배에 올라 친구를 찾아가던 중에 술이 깨고 흥도 사라져서 그냥 되돌아갔다는 것인데, 이러한 고사를 인용한 것으로 볼 때 작가도 어느 서리 내린 가을 이른 아침에 친구를 찾아 나섰다는 표현을 한 듯하다.

여섯째 구절, 초강(楚江)은 부강리에서 합강에 이르는 금강 본류를 말하는 것이다. 세종시를 관류하는 금강은 과거에 여러 이름으로 불렸다. 부강에서 합강까지는 형강(荊江), 부용강(芙蓉江), 초강(楚江) 등으로 불렸고, 합강에서 전월산을 지나는 곳은 삼기강(三岐江)이라고도 하였다.

초강이 등장한 것으로 볼 때 부강 근처에 사는 친구

를 찾아갔을 것으로 짐작된다. 종일토록 친구와 회포를 풀고 저녁 무렵 돛단배로 집에 가던 중 보슬비를 만난 모양이다.

일곱째 구절, 원굉(袁宏)은 중국의 동진 사람이다. 시문에 탁월한 재능이 있었으나 젊은 시절 뱃사공으로 생계를 꾸렸다. 그는 배를 저으며 영사시(詠史詩)를 읊는 버릇이 있었는데 어느 날 사상(謝尚) 장군에게 발탁되어 벼슬길에 올랐다고 한다. 그처럼 작가도 배에 오르면 시 읊는 버릇이 있다며 자신을 원굉에 비유하고 있는 것이다.

마지막 구절, 강가에 어른거리는 달을 보니 시흥이 절로 넘쳐난다며 자연을 노래하는 즐거움이 좋다는 표현으로 시를 마무리하였다.

앵청이 나루의 지명유래에 대해서는 두 가지 설이 있다.
먼저, 옛날 이 나루에 앵청이라는 처녀가 살았다고 한다. 앵청이는 해산물을 싣고 금강을 오르내리며 장사하던 어느 총각에게 반해서 장래를 약속한 사이가 되었던 모양이다. 앵청이의 마음을 사로잡은 그 총각은 어느 날 기다리라는 말을 남기고 서해를 향해 떠났다.
앵청이는 총각이 반드시 자기에게 돌아올 것이라는

양화취수장 전경, 앵청이 나루가 있던 곳

믿음과 사모하는 마음이 사무쳐 나루터에 주막을 짓고 수절하며 기다렸으나 결국은 만나지 못하고 죽었다는 것인데, 그 후 사람들이 앵청이 나루라고 불렀다는 전설이 전해 진다.

다음은 앵청이 나루 인근에 앵소(鶯巢, 꾀꼬리 둥지) 형 명당이 있었기 때문에 앵소나루라고 부르다가 앵청이나루로 변했다는 설이다.

어쨌거나 앵청(鶯聽)과 앵소(鶯巢) 글자 뜻만 본다면 주변에 꾀꼬리가 많이 살았기 때문에 붙여진 이름은 아니었을까 하는 생각을 하며 홀로 웃어 본다.

태양 12경
시비로 다시 태어났다

 이제는 행복도시 내 하나의 동(洞)이 된 옛 '반곡리' 12가지 풍경을 노래한 시비(詩碑)가 건립됐다.

 금강이 마을을 끼고 돌아가는 세종시 반곡동에서 세거(世居)해온 여양(驪陽) 진(陳)씨 선조 진세현 선생의 문집 '화잠소창'(華岑消唱)에 실린 '태양 12경'을 원문과 함께 국역으로 재해석, 병풍 모양의 석조물에 담았다.

 마을을 소재로 풍경을 한시로 짓고 그 시를 다시 해석해 비문에 새기고 비석으로 남기는 일은 전국에서도 드문 예로 알려지고 있다.

옛 반곡리 마을의 아름다운 풍경을 한시로 남긴 '태양 12경' 시비가 2022년 10월 4일 제막됐다.

2022년 10월 4일 오전 11시부터 반곡리가 있었던 세종시 반곡동 수루배 마을 3단지 정문에서 금강 변 쪽으로 내려온 곳에서 열린 제막식에는 옛 반곡리 주민을 비롯해 여양 진씨 후손, 금남면민 등 40여명이 참석했다.

지난 2015년 반곡리가 신도시 건설로 사라지는 걸 안타깝게 여긴 이 지역 주민들이 '반곡역사문화보존회'를 조직, 태양 12경 시비 건립을 주도했고 행복청, LH 세종본부, 세종시 등이 협조해 시비를 제작했다.

반곡역사문화보존회 김정환(전 세종 경찰서장) 총무는 태양 12경 번역 의뢰부터 시작해서 건립계획 수립, 관련 기관과의 협의를 통해 지난 2020년 12월 30일 시비를 완성했으나 코로나19 등 여러 가지 이유로 이날 제막식을 갖게 됐다고 경과를 보고했다.

김동윤회장은 축사에서 "반곡리를 중심으로 12곳의 자연을 훌륭하게 묘사한 것이 태양 12경"이라며 "괴화산과 삼성천에 서려 있는 반곡리 역사는 세종시민에게 새로운 문화적 환경조성에 이바지할 것"이라고 말했다.

시비는 길이 11.5m, 두께 50cm, 높이 2.5m크기로 시멘트 및 화강석 아트 월 타일 등으로 제작됐다.

여양 진씨 후손인 진영은 전 세종시의원은 "한 동네를 배경으로 12수의 시를 짓고 비를 건립하는 건 처음 있는 일"이라며 "세종시 문화를 보다 풍성하게 만드는 기념비적인 행사가 됐다"고 평가했다.

경과보고에 이어 반곡리 문화보존회장이 인사말을 하고 있다.

진세현 선생은 1854년 세종시 반곡동에서 출생하여 과거에 급제하여 궁내부 주사를 지내다가 낙향, 1928년 작고했다. 지극한 효성으로 부모를 섬겼던 인물이며 호는 화잠(華岑)이다.

생전에 화잠소창과 화잠만집(華岑晩集)을 저술했으며 반곡리를 중국 고사에 인용된 태양(太陽)이라는 지명으로 칭할만큼 고향을 사랑한 인물이었다.

선생의 시는 현재 '세종의소리'에 윤철원 세종향토사연구소 부소장이 국역 후 연재를 통해 세종시민들의 이해를 돕고 있다.

화잠 선생의 후손들이 참석자들에게 감사의 인사를 하고 있다.

토봉령

'옥토끼' 사는 달님 뜨니 아스라한 '토봉령'

반곡마을은 괴화산이 두 팔을 벌려 감싸 안은 듯한 모습을 하고 있다. 뒤는 괴화산이 받치고 앞에는 금강이 흐르며, 내백호와 내청룡이 뚜렷하니 풍수가들이 말하는 배산임수와 좌청룡 우백호를 모두 갖춘 양택지라 할 만하다. 맹의섭 선생이 저술한 추운실기(鄒雲實記)에 의하면 괴화산 주변에 단봉포란형(丹鳳抱卵形, 붉은 봉황이 알을 품고 있는 형국)의 대길지가 있다고 했다는데 아마도 반곡리를 두고 한 말이 아닌가 싶기도 하다.

토치(兎峙)는 토끼 고개라는 뜻이니 이 시의 주제인 토치명월(兎峙明月)은 '토끼고개에서 떠오른 달'이라는 의미이다. 그런데 정작 반곡마을 현장을 가보면 '토끼고개'를 찾을 수 없다. 다만, 솔빛 유치원에서 수루배 마을 6단지로 넘어가는 작은 소로길, 즉 '여수배 고개'만 있을 뿐이다. 과거에 곡말에서 석교리로 넘어가는 작은 고개를 토봉령이라고 하였으나 지금은 찾아볼 수가 없다.

반곡리가 고향인 분들은 토봉령(兎峰嶺)을 기억한다. 반곡리를 오른팔로 감싸 안은 듯한 능선, 즉 괴화산 정상에서 동편으로 뻗은 능선을 토봉령이라고 하는데 그 끝자락에 안산이 있다. 그러므로 토치명월은 이 능선에서 떠오른 달을 중심으로 주변 풍경을 노래한 시라고 할 수 있다.

그러면 시상을 떠 올린 장소는 어디였을까? 반곡리 마을은 아니었을 것이다. 반곡마을에서 바라보면 토봉령에서 떠오르는 달은 볼 수 있었겠지만, 좌우에서 감싼 산줄기 때문에 용당이나 비학산은 보이지 않기 때문이다.

반곡리가 고향인 여양진씨 대종회 진영은 회장은 "토봉령, 용댕이, 비학산을 모두 볼 수 있는 곳은 햇무리교 주변, 즉 반곡나루 길가에 있었던 주막이었을 것"이라고 증언하였다. 또 제7경 금강소우(錦江疎雨)에 주막이 등장하는 것을 보더라도 시상이 떠오른 장소는 반곡 나루터 주막이라고 보는 것이 타당하다는 생각이다. 실제 햇무리교에서 바라보면 용댕이산과 비학산을 모두 조망할 수 있기도 하다.

 산들바람 부는 어느 해 가을, 강가를 산책하던 작가는 무심코 주막에 이르렀는데 그때 마침 토봉령에 보름달이 휘영청 떠올랐던 모양이다. 그 모습에 반해서 밤늦도록 감상하다가 도도해진 시흥에 달님과 친구가 되었을 것이라는 상상을 하면서 시를 감상해 본다.

용대와 황우산

제2경 토치명월(兎峙明月)
토봉령에 뜬 명월
벽천여해계의장(碧天如海桂宜檣)
바다처럼 푸른 하늘에, 계수나무 돛대 삼고
옥토환신치묘망(玉兎幻身峙杳茫)
옥토끼 사는 달님 뜨니, 아스라한 토봉령.
아자영침용대수(俄者影沈龍垈水)
달그림자 문득 용대수에 어리더니
소언광사학산양(少焉光射鶴山陽)
잠시 뒤 비치는 곳 학산 남쪽일세.
금반의수추상냉(金盤依峀秋常冷)
쟁반 같은 달, 산마루에 닿으매 서늘한 가을 기운
교촉현림야갱장(皎燭懸林夜更長)
휘황한 달빛, 숲속 비칠 때 밤 더욱 깊어 간다.
완대량붕정미후(宛對良朋情味厚)
좋은 친구 마주하니 정겨움 두터워라.
기언오부차무상(寄言吳斧且無傷)
부탁하노니 오부여! 다시는 계수나무에 생채기 내지 마오.

1, 2구절, 명월(明月)이 생략되었다. 푸른 밤하늘에 토봉령 위로 떠오르는 보름달, 그리고 그 속에 선명한 계수나무와 옥토끼 모습이 연상된다.

3, 4구절, 그렇게 떠오른 달이 동편에 저쪽에 있는 용대수(龍垈水, 용당)에 얼핏 잠긴 듯하더니, 어느새

반곡리 서편에 있는 비학산 마루로 흘러가는 광경을 그렸다.

용대수(龍垈水)는 용당의 다른 명칭이다. 용당은 과거에 금강물이 휘돌았다가 흘러나가던 호소(湖沼)를 말하는 것이다. 그 속이 얼마나 깊었던지 '용이 사는 연못'이라는 뜻으로 용당(龍塘)이라고 불렀는데 1946년 병술년 대홍수에 물길이 바뀌며 점차 모래가 쌓여오다가 수십 년 전부터는 물흐름마저 끊겼다. 지금은 그 깊었다는 용당이 모래 둔치로 변했고 그 위에 '금강 자전거 데크길'이 조성되어 라이딩하는 이들의 사랑을 받고 있다.

학산(鶴山)은 비학산(飛鶴山)의 줄임 말로 금남면 호탄리 뒷산을 말하는 것이다. 양(陽)은 '산의 남쪽 면'이라는 의미로 해석할 수 있으니, 흘러가던 보름달이 어느새 비학산 남쪽에 떠 있는 광경을 노래하고 있는 것이다.

5, 6구절, 금빛 쟁반처럼 둥근 달과 서늘한 가을 기온이 등장한 것으로 보아 음력 8, 9월 보름이었음을 짐작할 수 있다. 보름달의 기세등등한 휘황함이 숲속까지 비치는 모습, 그럴수록 밤은 더욱 깊어 간다는 표현을 대조적으로 하였다.

7, 8구절, 작가와 달은 어느덧 우정을 나누는 좋은 친구가 되었다. 그리고 월궁에 갇혀 계수나무에 도끼질

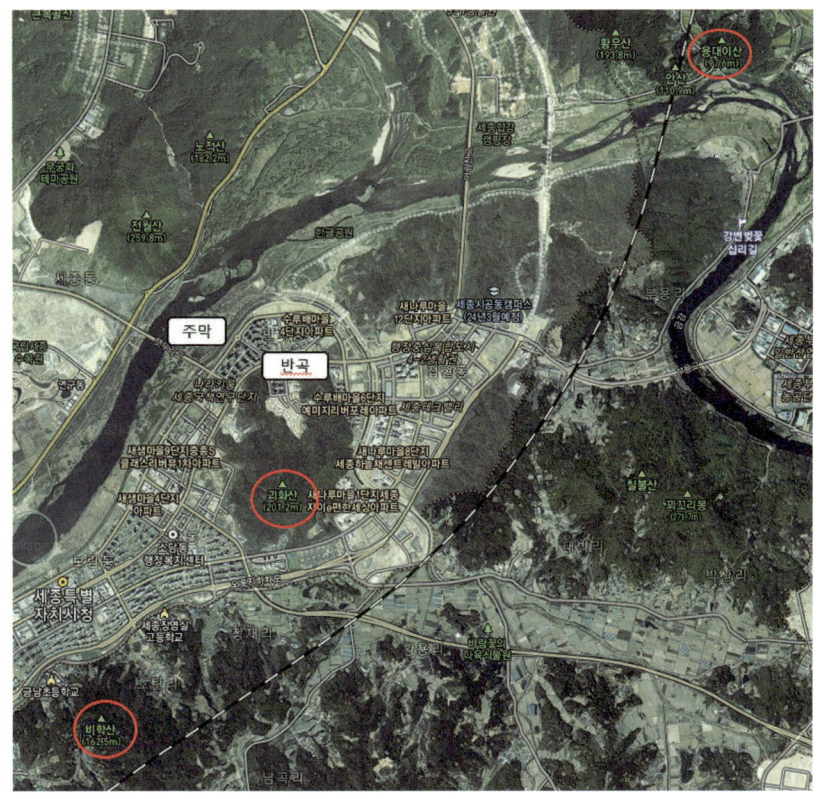

용당, 괴화산, 비학산 위치

하는 오부에게 "달이 내 친구이니 계수나무 찍는 일을 멈춰 달라"며 간절하게 부탁하고 있다.

오부(吳斧)는 전설 속의 오강(吳剛)을 이르는 것이다. 오강은 중국 서하 사람으로 천성이 게으른 나무꾼이었다고 한다. 그는 선도에 심취하여 신선이 되고 싶었으나 공부를 게을리하는 바람에 옥황상제의 노여움을 사게 되었다. 옥황상제는 그를 월궁이 가두며 말하기를 "선술을 얻으려면 월궁에 있는 계수나무를 베어야 할 것"이라고 하였다. 오강은 신선이 되고픈 욕심에 도끼로 계수나무를 열심히 찍다가도 반 쯤 베고 나면 게으름 병이 도져서 빈둥거리곤 하였다. 오강이 게으름을 피우는 동안 계수나무에 찍혔던 상처는 원상으로 회복되고, 그러면 또 도끼질하고… 그런 일이 끝없이 반복되면서 오강은 신선이 되지 못하였다고 한다.

달님과의 우정이 얼마나 두터웠으면 달 속의 계수나무를 베어야만 꿈을 이룰 수 있는 오강에게 계수나무에 상처도 내지 말라고 했을까?

자연과의 교감능력이 그저 부러울 뿐이다.

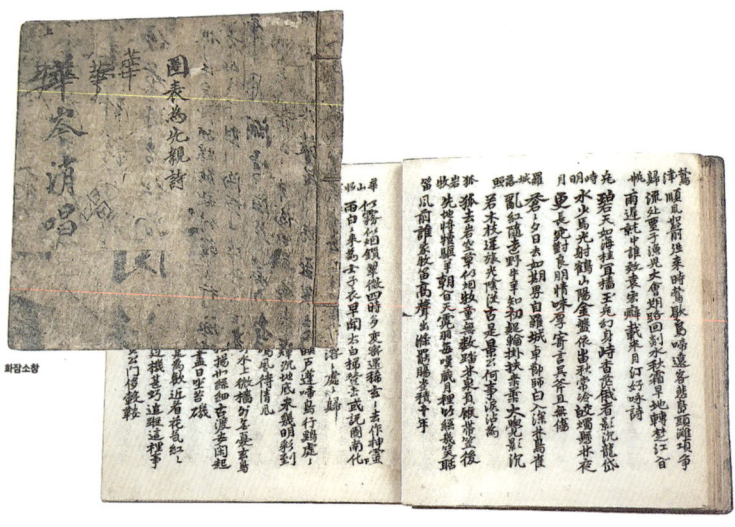

화잠소창

태양 12경은 세번째로 '나성 낙조'를 노래했다. 지금은 호수공원이 만들어지고 물에 비친 호수의 모습이 그지 없이 아름답지만 예전에는 나성리 쪽 낙조가 금강물과 대비를 이루면서 장관을 연출했으리라. 사진 서영석 기자

붉게 물든 먼 들녘
소와 양 알아보겠네

나성낙조는 나성동의 노을 진 광경을 바라보며 느낀 소감과 덧없이 흘러가는 세월의 무상함을 노래한 시라고 볼 수 있다.

나성동은 원래 공주군 관할이었으나 1973년에 연기군으로 편입되었다가 2012년 세종시 관할이 되었다.

"토성이 있는 마을"이라 하여 붙여진 지명으로 일명 나리재라고도 한다.

일설에 의하면 신라가 백제를 방어하기 위해 축조한 토성이라서 나성(羅城, 신라의 성)이라고 했다지만 믿을 건 못 된다.

나성동에서 주목할 만한 유적은 독락정(獨樂亭)이다. 임난수 장군의 둘째 아들 임목이 부친의 절의를 사모하며 조선 초기(1437년, 세종 19년)에 건립한 정자로서 금강팔정에 들었을 만큼 아름다운 건축물로 평가받고 있다.

임난수 장군은 고려말 공조전서(판서)를 지내다가 나라가 망하자 세종시 전월산 아래로 낙향하여 고려에 대한 지조와 절개를 굽히지 않았던 행적으로 유림의 존경을 받았던 인물이다.

나리포사실(羅里鋪事實)에 의하면, 1720년(숙종 46)에 국영 해산물 점포인 나리포창(羅里鋪倉)을 개설하고 2년간 운영한 적이 있다.

이곳에서는 해산물과 소금을 판매한 이익금으로 곡식을 매입하여 호탄리 동창에 보관하였다가 충청, 전라, 제주도 지역에 기근이 발생하면 백성을 구휼했다는 것이다.

기록에 의하면 광선(廣船) 10척, 해선(海船) 20척 등 30여 척의 배가 이곳에 배치되어 있었다고 하니 서해안의 큰 배가 이곳까지 왕래하였음을 알 수 있다.

이처럼 나성동은 수운이 편리한 나루로써 이름나 있었지만 1932년 금강제방이 준공되기 이전까지는 해마다 홍수가 범람하던 지역이었다. 그러나 독락정 일대는 지대가 높아서 물난리를 피할 수 있었기 때문에 주변에 마을이 형성될 수 있었던 것이다.

각설하고 이 시를 감상하기 위하여 금강에 제방이 없던 그 시절의 풍광을 그려본다.

강과 들이 맞닿은 일망무제(一望無際)한 평원, 그 지평선에 작은 산들이 잇대어 있는 모습, 맑은 날 서쪽 하늘을 붉게 물들이며 지는 해, 그리고 벌판에 봉긋 솟은 산 위에서 금강을 굽어보듯 멋들어지게 서 있는 독락정을 상상하면서 시를 감상해 본다.

제3경 나성낙조(羅城落照)
나성리로 저무는 해
창창석일거여기(蒼蒼夕日去如期)
맑은 날 저녁해는 기약대로 흘러가고

계자라성탁절사(界自羅城卓節師)
나성 경계에는 절의사표 (節義師表) 서 있구나.
백입심림조작란(白入深林鳥雀亂)
밝은 빛 숲에 드니 참새들 어지럽고
홍수원야우양지(紅隨遠野牛羊知)
붉게 물든 먼 들녘, 소와 양 알아보겠네.
초의륜괘부상엽(初疑輪掛扶桑葉)
처음엔 동녘에서 해가 뜨나 했었는데
대각영침약목지(大覺影沈若木枝)
그림자 사라짐에 해 지는 줄 깨달았네.
역려광음종고시(逆旅光陰從古是)
세상 가는 세월 예부터 이러한데
경공하사루점위(景公何事淚沾爲)
경공은 어찌하여 눈물을 흘렸던가?

작가는 노년에 독락정에 올라 시상을 떠올렸으리라

1. 2구절, 여기(如期)는 '기약대로, 예정대로'로 해석하는 것이 자연스럽다. 탁절사(卓節師)는 임난수 장군을 지칭한 것일 것이기 때문에 독락정으로 보아야 한다. 평원을 가로지르는 금강 변에 우뚝 솟은 독락정을 '더할 나위 없이 뛰어난 지조와 절개를 지닌 스승'의 상징으로서 탁절사라고 표현한 것이다.

3, 4구절, 작가는 지금 독락정에 서서 우거진 나무 사이로 비치는 햇볕과 참새들이 어지럽게 나대는 모습, 붉게 물든 노을 속의 들녘을 바라보고 있다. 그러면서 소와 양을 알아볼 수 있다고 하였으니 아직은 해가 남아 있는 듯하다.

5, 6구절, 윤괘(輪掛)는 태양이 하늘에 떠 있음의 표현이며, 부상(扶桑)은 '해가 뜨는 동쪽'이라고 해석하는 것이 일반적이다. 약목(若木)은 산해경(山海經)에 「회야(灰野)의 산에 잎은 파랗고 꽃은 붉은 약목(若木)이라는 나무가 있는데 '태양이 들어가는 곳'이다」라고 하였으니 해가 지는 것을 의미한다.

7구절, 역려(逆旅)와 광음(光陰)은 이백이 지은 「춘야연도리원서(春夜宴桃李園序)」라는 시의 첫 구절 「부천지자만물지역려(扶天地者萬物之逆旅, 대저 천지라는 것은 만물이 쉬어가는 여관)이요, 광음자백대지과

현재 나성동 모습

객(光陰者百代之過客, 광음이라는 것은 백 대에 걸쳐 흘러가는 나그네)」이라는 구절에서 따온 것이다. 그러므로 역려(逆旅)는 '우리가 사는 세상'이며, 광음(光陰)은 '흘러가는 세월'을 말하는 것이다.

  8구절, 경공(景公)은 제(齊)나라의 군주였다. 어느 날 우산(牛山)에 올라가서 북쪽에 있는 자기 나라의 성을 바라보다가 "아름답도다, 내 나라여! 초목은 울창하고 무성하거늘, 내 어찌 이를 두고 죽을까?"라며 눈물을 흘렸다는 것이다.
  부귀영화를 두고 죽는 것이 안타까워 눈물을 흘렸다는 경공의 고사는 인생의 무상함을 표현하는 시에 자주 등장한다.

작가는 어느 날 독락정에 나들이했던 모양이다. 그리고 그곳에서 붉은 노을 속에서 지는 해를 바라보며 주변 경치와 인생무상을 노래하였으니, 아마도 이 시를 지을 무렵 그는 나이가 지긋한 노인이었을 것이라는 생각이 든다.

시의 앞부분에서는 드넓은 나성 들녘에 우뚝 선 독락정과 노을 속에 지는 해의 모습을 서정적으로 표현했으며, 후반부에서는 인생무상을 노래 것이 인상적이다.

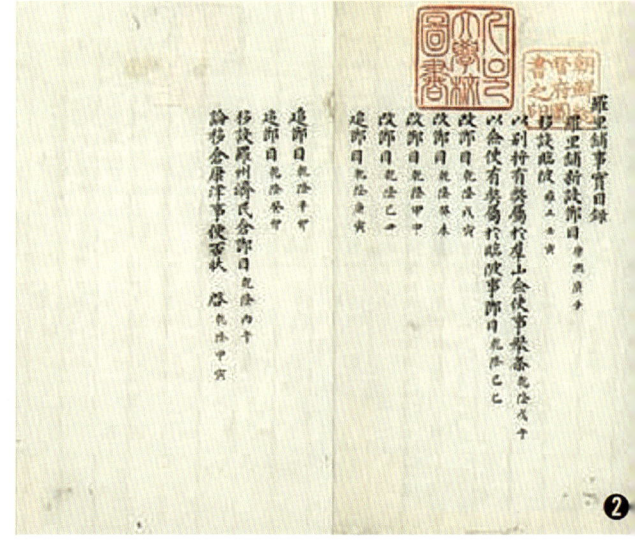

역사적 기록이 된 '나리포사실'

여우바위, 행복도시 건설로 반곡동 일대는 상전벽해가 되어 여우바위를 찾기가 힘들었다. 전 세종시의원 진영은 의원이 옛고향의 기억을 더듬어 여우바위를 비정했으나 주변이 너무 변해 확실하지는 않았다. 사진 : 진영은 전 시의원 제공

여우바위 목동피리소리 세상에 울려퍼졌다

호암목적(狐巖牧笛)은 '여수(여우) 바위에서 부는 목동의 피리 소리'라는 뜻이다.

여수바위는 여수배 들녘(세종시 반곡동 수루배마을 6단지)에 연접한 산자락 길가에 있었다. 그 형상이 여우와 같이 생겨서 여수바위라고 불렀다는 것인데 지금은 아파트가 들어서고, 산에 나무가 우거져 그 위치를

특정하기가 어렵다.

여수바위 위쪽 숲에는 사시사철 솟아오르는 약샘이 있었는데 물맛이 좋고 피부병에 효험이 있어서 주민들의 사랑을 받았다고 한다.

이 시는 송아지와 염소를 모는 목동의 모습과 여수바위에서 울려 퍼지는 피리 소리를 들으며 느낀 소감을 노래한 것이라고 할 수 있다.

제4경 호암목적(狐巖牧笛)
여수배 들에서 들리는 목동의 피리소리
호거암공초사연(狐去巖空草似煙)
여우 떠난 빈 바위에 아지랑이 같은 풀 돋으매
목동무수답림천(牧童無數踏林泉)
목동은 수도 없이 숲속 샘 찾는구나.
부후대립후선지(負餱帶笠後先地)
먹을 것 둘러메고 초립 쓴 목동, 뒤서거니 앞서거니
장독구양조모천(將犢驅羊朝暮天)
아침저녁으로 송아지 잡아끌며 양 떼를 모는구나.
예우매탄장월리(霓羽每嘆藏月裡)
월궁 고운 옷엔 매번 감탄터니
죽사기소괄풍전(竹絲幾笑聒風前)
패랭이 쓴 모습엔 얼마나 비웃었나? 요란한 바람처럼.
수가목적고성출(誰家牧笛高聲出)
뉘 집 목동의 피리 소리 울려 퍼지니
척파장진적천년(滌罷腸塵積千年)
천년 묵은 뱃속 때가 씻겨 나가네.

여수배 위치도(출처 : 국립민속박물관)

1, 2구절, 여수바위 위에 아지랑이 피어오르듯 풀이 자라고, 목동이 숲속 약샘을 무수히 찾는다고 하였으니 늦봄이거나 초여름인 듯하다.

3, 4구절, 후(餱)는 간식이며, 입(岦)은 삿갓을 뜻한다. 먹을 것 둘러멘 초립 쓴 소년이 송아지와 염소를 몰고 앞서거니 뒤서거니 하며 길가는 모습이 연상된다.

5, 6구절, 예우(霓羽)는 예상우의(霓裳羽衣)의 줄임말로서 아름답고 빼어난 옷을 일컫는다. 옛날 당나라 현종이 천상의 월궁을 구경하는 꿈을 꾸었는데, 그곳에서 선녀들이 무지개색 치마와 새털처럼 가벼운 옷을 입고 음악에 맞춰 춤추는 모습을 넋 놓고 바라보다가 깨어났다고 한다. 그리고 기억을 더듬어 작곡한 음악

이 예상우의곡(霓裳羽衣曲)이고, 춤은 예상우의무(霓裳羽衣舞)가 되었다는 고사를 인용한 것이다. 괄풍(聒風)은 시끄럽게 부는 바람이라고 보면 좋을 듯하다.

이 구절에서는 아름다운 옷을 보면 예우(霓雨) 보듯 멋지다며 칭찬과 부러움을 아끼지 않던 세상 사람들이 초립을 쓴 허술한 옷차림의 목동에겐 깔깔거리고 비웃는다며, 외모만 보고 사람을 평가하는 세태를 날카롭게 비판하고 있다.

여우굴, 여우바위, 장군바위와 함께 반곡리 사람들에게는 어릴 적 기억이 담겨있는 곳이다. 예전에는 굴이 깊어 대여섯명이 들어갔으나 지금은 굴의 흔적만 남아있다. 사진 : 진영은 전 세종시의원 제공

7, 8구절, 그런데 반전이 일어났다. 그처럼 초라한 목동이 여수바위에 걸터앉아 피리를 불었던 모양이다. 그 소리가 얼마나 청아했던지 그동안 선비의 가슴속에 쌓였던 울분과 답답함을 말끔하게 씻겨 낸 것이다.

화려함보다 일상의 소박함에서 감사를 찾으며 유유자적하는 작가의 마음을 읽을 수 있다.

장군바위, 사진 : 진영은 전 세종시의원 제공

화산귀운은 괴화산을 둘러싸고 떠내려오는 구름의 모습을 그렸다.

산짐승이 왜군 화살 끈 끊어 승리 거뒀다

 화산은 괴화산의 줄임말이다. 괴화산은 세종시 반곡동에 위치한 해발 약 201m의 아담한 산이다. 괴화산은 원수산, 전월산과 더불어 정족(鼎足)을 이루며 세종시 신도심을 떠받치는 대표적인 산이다.

 1995년 발간된 금남면지에 의하면 괴화산은 인근 주민을 보호하는 신령한 산이라며 전설을 소개하고 있다. 과거 석교리(현재 세종자이e편한세상)에 전해 오던 전설은 이러하다.

'옛날에 왜군이 쳐들어와서 괴화산에 진을 쳤고, 강 건너 전월산에는 아군이 진을 치고 대치하였다. 그런데 괴화산에 사는 짐승들이 밤에 나와 왜군의 화살 끈을 모두 끊어 놓는 바람에 아군이 승리하였다. 그 후로 석교·석삼·반곡리(반곡동) 주민들이 매년 음력 10월 1일 각각 마을별로 산신제를 지내왔다'는 것이다.

이 지역에 고려시대나 조선시대의 임진왜란 시 왜군이 침범했다는 역사적 근거가 없음에도 전해오는 전설이지만 아주 근거 없는 이야기라고 할 수도 없다. 왜냐하면 고려 충렬왕 시절 연기현 정좌산 전투에서 대패한 합단적이 여원 연합군의 추격을 피해 금강을 건너 주둔했던 곳이 괴화산으로 비정되기 때문이다.

합단적은 다시 강을 건너 원수산에 주둔하던 한희유 장군 휘하의 고려군과 일전을 벌였으나 궤멸되어 그 아들 노적과 함께 도망쳤다는 기록이 고려사와 고려사절요에 전하고 있는데, 이때 합단적 군대의 주 무기가 활이었던 것이니 고려시대 이야기가 조선시대로 와전된 것은 아닐까?

근대에 있었던 사건에서도 영험한 괴화산 이야기가 전해지고 있다. 6.25 전쟁 때 금강 방어를 위해 미 24사단 19연대 1대대 C중대가 괴화산에 진지를 구축하고 북한군과 치열한 전투를 벌이다가 막대한 타격을 입고 후퇴하였다. 그때 양측에서 각각 수십 명의 전사자가 발생하였으나 전쟁통에 미처 수습하지 못해서 방치되었던 시신을 주민들이 수습해서 안장하였다가 나중에 모두 발굴하여 이장하였다고 한다.

 그처럼 치열하게 전투를 벌인 전장의 한 가운데에 반곡리가 있었으나 마을주민은 한 사람도 사상자가 없었다는 것이다. 또 월남전에 파병된 괴화산 주변 석교, 석삼, 반곡리 마을 청년들이 한 사람도 다치거나 전사한 사람이 없었다고 한다.

 주민들은 괴화산 신령이 보살펴 준 덕분이라며 매년 산신제의 전통을 이어나갔으나 행정도시 건설로 주민들이 이주하면서 그 전통이 사라졌었다. 그런데 '반곡리 역사 보존회'에서 전통문화 계승 차원에서, 그리고 이주민과 입주민의 화합을 위해 최근에 산신제를 재현했다고 하니 반가운 일이 아닐 수 없다.

 '화산귀운'은 '괴화산으로 돌아오는 구름'이라는 뜻으로, 이 시는 괴화산을 스치며 오가는 구름의 변화무쌍한 모습을 보며 느낀 감상을 노래한 것이라고 할 수 있다.

개발 전 반곡리 모습, 전형적인 시골 풍경을 연출하고 있다.

제5경 화산귀운(華山歸雲)
괴화산으로 돌아가는 구름
사무사연쇄취미(似霧似煙鎖翠微)
안개인 듯 연기인 듯 푸른 산 감싸더니
사시다변밀환희(四時多變密還稀)
사시사철 변화무쌍 짙었다가 다시 희미.
현현거작신령우(玄玄去作神靈雨)
먹구름 흘러갈 땐 신령한 비 되더니만
백백래위사자의(白白來爲士子衣)
흰 구름되어 올 땐 선비 옷 같아라.
조문태백제등거(早聞太白梯登去)
이태백이 구름 속 천모산을 사다리로 올랐다더니
혹설도남선화비(或設圖南仙化飛)
어떤 이는 도남 도사가 신선되어 날아가는 것이라네.

유형무적천년재(有形無跡千年在)
모습은 있으나 흔적 없이 천년을 떠돌면서
애애용용처처귀(靄靄溶溶處處歸)
구름되어 흐르다가 사방에서 돌아오네.

1, 2구절, 푸른 괴화산을 구름이 감싼 모습, 그리고 사계절 변화무쌍한 구름이 연상된다.

3, 4구절, 현현(玄玄)은 검은 구름으로, 백백(白白)은 흰 구름으로 해석하면 좋을 듯하다. 흰 구름을 선비가 입는 하얀 옷 같다고 빗댄 표현에서 시적 감흥을 느낄 수 있다.

5구절, 이태백(李太白)의 몽유천모음유별(夢遊天姥吟留別)이라는 시에 등장한 청운제(靑雲梯)를 인용하였다. 이 시는 이백이 꿈속에 천모산에서 노닌 것을 읊은 시라고 한다. 청운제는 구름으로 뒤덮인 험한 산에 오르는 좁은 길을 말하는데, 구름이 걸려 있는 높은 산에 오르는 것을 '푸른 구름 속에 사다리를 놓고 올라가는 것'과 같다는 뜻이라고 한다.

6구절, 도남(圖南)은 중국 송나라 사람으로 자미두수라는 점괘를 창제한 진박(陳搏)의 자(字)이다. 진박은 송태종이 희이(希夷)선생으로 부를 만큼 당대 도교

괴화산에 있는 화곡정

의 대가였으며 자칭 부요자라 칭했다고 한다. 무당산에서 은거하다가 말년은 화산(華山)에서 지냈다고 한다. 하늘의 구름을 '신선이 된 도남 도사가 날아가는 것'이라며 은유적으로 표현하였다.

7, 8구절, 세월에 구애받지 않고 정처 없이 떠도는 구름의 모습을 애애(靄靄)와 용용(溶溶)으로, 이곳저곳은 처처(處處)라는 중복 한자로 표현함으로써 시에 대한 풍미를 더 해주고 있다.

괴화산에 대한 사랑을 시로 표현한 작가의 능력이 참으로 탁월하다는 생각이다.

봉기리, 행복도시가 들어서면서 도시화가 급속하게 진행됐다.

측천무후 고사
"니가 왜 반곡에서 나오냐"

　봉동조양이라는 시제는 봉명조양(鳳鳴朝陽)이라는 사자성어에서 착안한 듯하다.

　봉명조양(鳳鳴朝陽)은 신당서 한원(韓瑗)열전에서 유래하였다고 하는데 '봉황이 산의 동쪽에서 운다'는 뜻으로, '천하가 태평할 조짐 또는 뛰어난 행위를 칭찬하는 의미'라고 한다.

당 태종의 아들 고종은 아버지의 후궁이었던 무측천(武則天)을 황후로 삼으려고 하였다. 그러자 중신 저수량이 반대하다가 쫓겨나고 말았는데 그 후로 누구도 나서서 이를 문제 삼는 신하가 없었다.

그렇게 20년이 지난 뒤 고종이 봉천궁에 행차했을 때 이선감(李善感)이 그 문제를 다시 상소하니 사람들이 '봉황이 조양에서 울었다'고 기뻐하며 그 용기를 칭찬했다는 데서 유래하였다고 한다.

봉황은 예로부터 상서로운 상상의 동물로 알려져 있다. 오동나무에 깃들지만 모여 살지도 않고 어지럽게 날지도 않는다. 한번 창천에 오르면 수 만리를 날아가는데 아무리 배가 고파도 벌레나 풀은 먹지 않으며 오로지 천년에 한 번 열린다는 대나무 열매만 먹는다고 한다.

봉동조양(鳳洞朝陽)은 '봉동(봉기리)에서 뜨는 아침해'라는 의미이다.

'봉황이 날아오르는 마을'이라는 뜻을 지닌 봉기리(鳳起里, 집현동)는 작가가 살던 반곡동에서 바라보면 해가 뜨는 동편에 위치해 있었다. 이와 같은 지리적 상황을 그려보면서 시를 감상하고자 한다.

제6경 봉동조양(鳳洞朝陽)
봉기 마을에서 뜨는 아침 해
양오동출벽산궁(陽烏東出碧山窮)
태양 동편에서 뜨매 푸른 산 끝이 없고
전입동림영호봉(轉入洞林暎戶蓬)
마을 숲 지날 때면 초가지붕 비추누나.
제조행계처처시(啼鳥行鷄處處是)
새들 지저귀고 오가는 닭 여기저기
목동경수가가동(牧童耕竪家家同)
소치는 아이, 밭 가는 더벅머리 집집마다 고만고만.
이왕상휘침지저(已往祥輝沈地底)
상서롭던 아침놀 빛 사라지더니
미기명채도천중(未幾明彩到天中)
이윽고 밝은 태양 떠올랐다네.
당혹오동생차비(倘或梧桐生此否)
혹여 오동나무가 자라서 이를 가려준다면
옹옹명황대청풍(雝雝鳴凰待淸風)
옹옹 우는 봉황이 맑은 바람 기다리리.

봉황이 하늘로 날아오른다는 '봉기리'

1, 2구절, 양오(陽烏)는 태양을 달리 이르는 말이다. 전설에 의하면 태양에 다리가 셋인 까마귀가 사는데 그것을 삼족오 또는 양오라고 한다는 것이다.

3, 4구절, 숲의 새들이 이리저리 날며 지저귀는 모습과 닭들이 부산하게 오가는 서정적인 풍경을 그렸다. 경수(耕竪)는 농사짓는 더벅머리 총각을 뜻한다.

5, 6구절, 아침 하늘을 벌겋게 물들이는 상서로운 노을빛을 상휘(祥輝)로, 금세 또는 잠시 후라는 뜻의 단어는 미기(未幾)로 표현했다.

7구절, 당혹(倘或)은 '혹여~이라면'으로 해석한다. 오동생(梧桐生)은 시경에 나오는 오동생의 우피조양(梧桐生矣 于彼朝陽, 오동나무 자라네, 저기 아침 해 뜨는 곳에서)이라는 문구를 인용한 듯하다. 좀는 아니

라는 의미의 '부'라고 읽기보다는, 막는다는 의미 즉 '햇볕을 가린다'는 뜻을 지닌 '비'로 읽고 해석하고 는 것이 자연스러워 보인다.

   8구절, 옹옹(雝雝)은 의성어로서 봉황이 우는 소리를 표현한 단어라고 하는데, 이것 역시 시경에 나오는 옹옹개개(雝雝喈喈, 옹옹 우니 개개 울어 답하네)라는 구절을 인용하였다.
   작가는 아마도 오동나무가 자라는 동쪽에서 해 뜰 무렵 봉황이 '옹옹'울면 태평성대가 이루어진다는 전설이 실현되기를 바라며 이 시를 지었을 것이라는 생각이 든다.

   2023년 계묘년 새해가 밝았다. 새해에는 오동나무 아래서 화락하는 봉황처럼 독자 여러분 가정마다 화목하고 좋은 일만 가득하길 기원한다.

동진강 일출

8경 '금강소우(錦江疎雨)'는 흐린 날 금강위로 자욱하게 내리는 보슬비를 그렸다.

안개 자욱한 금강
보슬비는 소리없이 내린다

금강에는 다음과 같은 전설이 서려 있다.

아득한 옛날 한 총각이 공주 연미산에 나무를 하러 갔다. 그곳에는 사람으로 변신한 처녀 곰이 살고 있었는데 둘은 첫눈에 반해 사랑에 빠졌다.
곰 처녀는 맛있는 음식으로 총각을 살뜰하게 챙기기도 하였으나, 워낙 의심 많은 본성 때문에 사냥하러 갈 때마다 총각이 도망가지 못하도록 굴 입구를 큰 바위로 막아 놓곤 하였다.

처음엔 아무런 생각 없이 사랑에 빠졌던 총각이었지만 세월이 흐르면서 고향 집에 돌아가고픈 생각에 병이 날 지경이었다. 하지만 곰의 감시 때문에 도망칠 수도 없었다. 그러던 중 슬하에 두 명의 자식을 두게 되자 곰은 '설마 자식을 두고 도망가랴' 하며 사냥을 가더라도 굴을 막지 않았다.

그러나 믿는 도끼에 발등 찍힌다고 했던가! 나무꾼은 곰이 사냥을 나간 사이에 굴을 빠져나와 강을 건너고 말았다. 뒤늦게 남편의 떠나는 모습을 발견한 곰은 강가에 이르러 '돌아오라'고 애원하며 소리쳤지만 나무꾼은 못 들은 체하고 고향 집을 향해 달렸다.

이에 크게 상심한 곰은 한을 품고 두 자식을 껴안은 채 강에 몸을 던져 생을 마감하였고, 그 후로 서해를 왕래하는 배가 근처를 지날 때마다 풍랑이 휘몰아쳐서 침몰하는 사고가 끊임없이 일어났다.

두려움에 빠진 뱃사공들이 힘을 합쳐 사당을 짓고 매년 죽은 곰의 영혼을 위로하고부터 풍랑이 잠잠해졌다고 하는데, 그때부터 이곳을 '곰의 강' 즉 고마나루(곰나루, 熊津)라고 불렀다는 이야기가 전해 오고 있다.

고마나루는 백제 시대에 웅천(熊川)이라고도 기록되어있는데, 금강이라는 지명의 등장은 고려시대인 것으로 보인다. 고려사 지리지 공주 편에 곰사당 격인 웅진연소(熊津衍所)를 소개하면서 '웅진연소의 상류는 금강이다'라고 부기한 것으로 볼 때, 곰강을 한자화하면서 금강(錦江)이라고 표기했을 것이라는 것이 통설이다.

금강은 일명 호강(湖江)이라고도 부른다. 그 때문에 금강 이남을 호남(湖南)이라고 불렀다는 설이 있으나, 벽골제(碧骨堤) 남쪽을 호남이라고 한다는 설도 있기에 어느 것이 정설이라고 꼭 집어 말하기는 어렵다.

금강은 전북 뜬봉샘에서 발원하여 서해까지 약 400km를 흐른다. 한강, 낙동강과 더불어 대한민국의 3대 강으로 알려져 있으며, 세종시 지역에서는 「부강면 노호리~장군면 금암리」까지 약 26km를 휘돌아 흐르는데 주변 풍광이 아름다워 예로부터 수많은 시인 묵객의 사랑을 받아 왔다.

시제인 금강소우(錦江疎雨)는 '금강에 내리는 보슬비'라는 뜻이다. 여름날 보슬비 내리는 옛 시절 금강의 저녁 풍경을 상상하면서 시를 감상해 보자.

겸제 정선의 '조어도', 보슬비내리는 금강 위에 낚시꾼이 있었다면 이런 풍경이 아닐까

제7경 금강소우(錦江疎雨)
금강에 내리는 보슬비
요요강점반개비(寥寥江店半開扉)
쓸쓸한 주막, 반쯤 열린 사립문
소우무성수상미(疎雨無聲水上微)
보슬비 소리 없이 강물 위에 내린다.
장외무우현조거(檣外無憂玄鳥去)
돛대 밖엔 무심한 제비가 날고
사변유희백구귀(沙邊有喜白鷗歸)
모래톱엔 즐거운 듯 흰갈매기 날아든다.
반공요양우사세(半空搖揚雨絲細)
허공에 흩날리는 실낱같은 빗줄기

고도안한기랑희(古渡安閑起浪稀)
옛 나루 한가하매 잔물결이 일렁인다.
시유어인혼망반(時有漁人渾忘反)
때가 되었어도 고기 잡는 이는 돌아갈 줄 모르고
사풍진일좌태기(斜風盡日坐苔磯)
비끼는 바람에 진종일, 이끼 낀 물가에 앉아있네.

1, 2절, 잔뜩 흐린 하늘과 드믓드믓 떨어지는 빗방울, 그리고 행인이 뜸한 강주막의 쓸쓸한 풍경이 연상된다. 요요(寥寥)는 '고요하고 쓸쓸한 상태'를 의미하며, 소우(疎雨)는 여기저기 '성글게 떨어지는 비'를 일컫는 데 편의상 보슬비라고 의역하였다.

3, 4절, 돛단배 위를 날아가는 제비와 모래톱에 사뿐히 내려앉는 흰 갈매기를 그려냈다. 현조(玄鳥)는 제비, 사변(沙邊)은 강가에 퇴적된 모래톱을 의미한다.

5, 6절, 강 위에 흩날리는 빗방울과 나루턱에 일렁이는 잔물결의 모습을 잘 표현하였다. 요양(搖揚)은 '공중에 흩날리는 모습'의 표현이다. 고도(古渡, 옛 나루)는 작가 생존 당시의 반곡리 앵청이 나루를 지칭한 듯하다.

7, 8절, 이끼 낀 강가에서 시간 가는 줄도 모르며 온

종일 낚시에 집중하고 있는 선비의 느긋한 모습이 연상된다. 혼망(渾忘)은 '해야 할 일을 까맣게 잊은 상태', 태기(苔磯)는 '이끼 낀 바위나 자갈'로 해석하는 것이 무난할 듯하다.

전반적으로 보슬비 내리는 금강의 풍경을 서정적으로 표현했다. 마지막 7, 8구절은 작가 자신을 낚시꾼에 빗댄 듯한데, 속세를 떠난 강태공이 반계(磻溪)에서 낚시로 세월을 낚던 모습을 떠올리게 한다

횃불 고기잡이 사진 출처 : 백제뉴스

한여름밤 금강
횃불 만들어 물고기 잡았네

잠서(蠶嶼)는 누에섬이라는 뜻인데 현재 연동면 합강정~오토캠핑장 일원에 있었던 섬을 일컫는다. 금강과 동진강(구 미호천)이 만나는 합수 지점에 퇴적된 모래섬으로서 세종시 출범 이전에는 땅콩과 수박을 재배하던 개인 소유의 경작지였다.

지리적으로는 연동면 합강리에 연접해 있었으면서도 행정구역은 금남면 봉기리(현 집현동) 산 1번지였는데 세종시 출범 이후 세종리에 편입되었다.

과거 세종시 지역을 흐르는 금강의 관할권은 공주목에 속해 있었다. 따라서 합강섬이 연기현 동면 합강리와 연접해 있었음에도 공주목 명탄(금남)면 봉기리였던 것은 공주목에서 관할하던 금강의 하중도(河中島, 섬)였기 때문이다.

이러한 사례는 조선시대 부강장, 조치원장 등에서도 찾아볼 수 있다.

강변에서 밤 물고기를 잡는 풍경은 요즘에는 거의 사라지다시피 한 추억이다. 그러나 세종시 지역에서는 1970년대까지도 여름밤 하천에서 횃불을 들고 물고기 잡는 광경을 흔히 볼 수 있었다.

동네에서 마음이 통하는 친구 대여섯 명이 모여 1m 정도 되는 막대기 끝에 솜을 붙들어 맨 횃대를 만든다. 그리고 사람들이 잠드는 밤 10시쯤 냇가로 나가 기름 적신 솜 뭉치에 불을 붙이면 활활 타는 횃불이 물속을 환하게 비춰주었다.

그러면 어둠 속에서 물고기들이 불빛에 모여들곤 했는데, 그때 잽싸게 작살이나 톱으로 내리쳐 잡기도 하고 투망을 던져 잡기도 했다. 아무리 더운 여름이라도 강변의 밤공기는 시원했기 때문에 상쾌한 기분으로 즐겼던 여름 풍속의 하나였다.

그렇게 바케스에 반쯤 잡으면 강변으로 들고나와 매운탕을 끓여 먹기도 하고, 피라미처럼 작은 물고기는 날로 초고추장에 찍어 먹기도 했던 추억이 아련하다.

잠서어화(蠶嶼漁火)는 '누에섬의 물고기잡이 횃불'이라는 뜻이다.

합강섬 주변에서 횃불을 들고 물고기를 잡던 여름밤 풍경을 상상하면서 시를 감상해 본다.

제8경 잠서어화(蠶嶼漁火)
누에섬의 밤고기 잡이
어피한인역유관(漁彼閑人亦有官)
물고기 잡는 저 한가한 이, 그도 벼슬살이했었는데
주겸복야족위환(晝兼卜夜足爲歡)
낮처럼 밤에도 만족하며 즐겁다네.
근간화기홍홍난(近看花氣紅紅暖)
가까이서 볼 땐 불꽃 기운 벌겋고 따뜻하더니
원대성문점점한(遠對星文點點寒)
멀리서 바라보니 별처럼 흩어져 차갑구나.
설망나변기심교(設網那邊機甚巧)
그물 치는 곳마다 그 솜씨 뛰어난데
추종저리사비난(追蹤這裡事非難)

그 정도야 이곳에선 어렵잖은 일이지.
서두좌사관호객(嶼頭坐似觀濠客)
섬 머리에 앉아 호량의 장자처럼 물고기 살피는 나그네
불귀공문치곡안(不貴公門侈穀鞍)
벼슬이나 사치도 귀한 게 아니라네.

합강섬의 추억

　1, 2절, 작가 자신을 지칭한 듯하다. 관직에서 물러난 선비가 세상근심을 잊고 물고기 잡는 데에 정신을 쏟으며 유유자적하는 표현이 인상적이다.

　3, 4절, 화기(花氣)는 횃불의 불꽃, 성문(星文)은 별무늬에 대한 표현이다. 횃불을 들고 여름밤 강가를 오가는 광경이 눈앞에서 보이는 듯 잘 묘사하였다.

　5, 6절, 나변(那邊)은 '그곳, 거기'등과 같이 장소를

의미하며, 저리(這裡)는 '여기'라는 뜻이다. 투망이나 그물을 치는 일이 강변에 사는 사람들의 일상적인 취미임을 강조하였다.

7, 8절, 주인공이 섬 머리에서 물고기의 움직임을 살피는 모습을 호량지변(濠梁之辯)에 빗대었다. 세상의 공명이나 부귀가 삶의 목표가 아님을 암시한 표현에서 시인의 인생관을 짐작할 수 있다.

관호(觀濠)는 관어호량(觀魚濠梁, 호수 다리 위에서 물고기를 관찰한다)의 줄임말이다. 장자 추수편에 실려 있는 일종의 우화로서 호량지변(濠梁之辯)이라고도 알려져 있다. 말장난하는 듯한 내용이 흥미롭기에 소개한다.

어느 날 장자와 혜자가 호량(濠梁, 호수 위의 다리)에서 노닐다가 물고기를 바라보았다. 장자가 먼저 "피라미가 나와서 한가로이 놀고 있으니 이것이 바로 물고기의 즐거움일세."라고 말했다. 그러자 혜자가 "자네는 물고기도 아니면서 어떻게 물고기의 즐거움을 아는가?"고 물었다.

이에 장자가 "자네는 나도 아니면서 어떻게 내가 물고기의 즐거움을 알지 못하는 것을 아는가?"라고 되물

었고, 혜자는 "내가 자네가 아니라서 자네를 모르는 것처럼, 자네도 물고기가 아니기 때문에 물고기의 즐거움을 모르는 것이 분명하네."라며 논쟁을 이어 갔다는 내용이다.

여하튼, 태양 12경 중 제8경인 잠서어화는 작가가 자연을 벗 삼아 유유자적했던 일상의 한 단면을 잘 그려 낸 시라고 할 수 있다.

맑은 강물 아랫 쪽에 신룡은 어느 시절 용대 밖을 노닐까

　용대청천(龍臺晴川)은 세종시 연동면 명학2리 용댕이 산자락의 기암괴석과 그 바위 아래에 흐르던 맑은 강물을 노래한 것이다.

　용댕이산은 연동면의 남동단에 치우쳐 있다. 부강면과 경계를 이루는 백천(白川)과 금강이 합류하는 지점에 있는 작은 산으로 해발 97m에 불과하다.

　옛날에 부강면 금호리에서 북쪽으로 내달리던 금강이 이 산모퉁이에 부딪혀 소용돌이가 생기면서 형성된

황우산과 용댕이 산

깊은 호소(湖沼)를 용댕이(龍塘, 용당)이라고 불렀다는 것이다.

그리고 그 호소 위에 우뚝 선 기암괴석이 물과 어우러져 아름다운 절경을 이루었다고 하는데 이를 용대(龍臺)라고 했던 모양이다. 산과 물이 조화를 이룬 풍경이 얼마나 아름다웠던지 사시사철 풍류객들의 발길이 끊이지 않았다고 전한다.

특히, 부강에서 상업으로 부를 이룬 김학현이라는 분이 선친을 사모하여 1930년 무렵 용대 위에 터를 닦고 원모정(遠慕亭)이라는 정자를 지은 후로는 시인·묵객뿐만 아니라 주변 학교에서 봄·가을에 소풍하는 명소이기도 하였다. 원모정은 김학현의 가세가 기울면서 1960년대 초반 철거되어 지금은 그 흔적마저 찾아볼 수가 없다.

100여 년 전만 해도 용당(龍塘)은 그 속을 알 수 없을 만큼 깊었다고 한다. 그러나 몇 차례 대홍수를 만나면서 물줄기가 바뀌고 점차 모래가 쌓이는 바람에 지금은 용당의 위치를 비정하기조차 어렵다.

용대였을 것으로 보이는 바위들이 있으나 자전거 도로(데크)가 그 허리를 차고 지나가고 있어 옛 풍경을 찾아볼 수 없으니 참으로 안타까울 뿐이다.

용당기암(龍塘奇巖)을 노래한 한시는 1934년 발간된 연기지(燕岐誌)에 3수가 남아 있다. 당시 연기군의 8곳 명소에 대한 한시를 모집하였는데 전국에서 수백 편이 응모되었다.

경치마다 빼어나게 잘 지은 한시를 3수씩 총 24수를 선정하여 연기지에 수록해 놓은 것인데 그중에 용당기암에 대한 3수가 남아있어 사라진 명소를 보지 못하는 섭섭한 마음을 달래주고 있다.

용댕이는 나루터로도 유명했다. 구들기 나루(부강

지금은 흔적도 없이 사라진 '원모정'

장)와 빙이나루(부용리), 골뱅이 나루(합강리)를 연결하던 뱃턱으로 연동면 주민들에게는 소중한 교통의 요지였다. 1970년대까지 나룻배가 오갔으나 1980년대 들어 완전히 사라지고 말았으니 세월의 무상함이 이와 같은 것인가?

검푸른 강물이 유유히 굽이쳐 흐르던 용당과 그 위에 우뚝 선 용대바위, 그리고 부강 장터가 있는 구들기 나루를 향해 한가로이 떠가던 나룻배를 상상하며 이 시를 감상해 본다.

제9경 용대청천(龍臺晴川)
용댕이 나루의 맑은 강물
청천직하산제주(晴川直下散諸州)
맑은 강물 아래쪽엔 여러 고을 여기저기

하일신룡대외유(何日神龍臺外遊)
신룡은 어느 시절 용대 밖을 노닐까
재상수능부자계(在上誰能夫子繼)
그 위에 서 있는 이, 공자님 계승할 듯
과전자소백순수(過前自少伯淳酬)
강 앞에서 청년 백순의 시에 화답하네
담운명월연천리(淡雲明月連千里)
옅은 구름 밝은 달 천 리에 이어질 때
욕로범구도기추(浴鷺泛鷗度幾秋)
물질하는 백로야! 물 뜬 갈매기야! 몇 살이나 되었느냐?
나상편의주즙용(那上偏宜舟楫用)
그 강 한쪽에서 노 젓는 배가
만인통섭일무우(萬人通涉一無憂)
만 사람 건네주니 걱정 하나 없어라.

1, 2절 용당과 용대를 노래했다. 용당의 맑은 물을 청천(晴川)이라고 읊었다. 작가는 용당 깊은 물에 영험한 용이 살고 있을 것이라는 믿음을 가진 듯하다. 그 용이 물에서 나와 기암괴석인 용대 위에서 노닐기를 바라는 마음을 표현하였다.

3, 4절 작가는 지금 용대 위에 서서 금강을 바라보며 송나라 유학자 정호(程顥, 자 백순 伯淳)를 떠 올린 듯하다. 그리고 공자의 사상을 이어받은 정호처럼 자신도 공자님의 가르침을 계승하겠다는 마음의 결단을 내

멀리서 바라다본 용댕이

비쳤다.

정호가 읊은 춘일우성(春日偶成)은 봄날 풍경을 그린 내용으로 많은 이들의 사랑을 받는다. 일부를 소개하면

운담풍경근오천(雲淡風輕近午天, 엷은 구름 떠가고 실바람 부는 점심 무렵)

방화수류과전천(芳花隨柳過前川, 흐드러진 꽃잎과 버들 쫓아 개울을 건너고파)

라는 내용이다. 작가는 정호가 젊은 시절 읊었던 이 시에 답(酬)하고픈 심정임을 밝히고 있다.

정호가 지은 이 시의 두 구절은 판소리를 시작하기 전에 목을 풀려고 부르는 운담풍경(雲淡風輕)이라는 단가(短歌)의 첫 부분에도 등장하여 많은 이들로부터 사랑받는 유명한 구절이다.

5절, 6절 강물과 맞닿은 하늘, 그리고 강변의 한가로운 풍경을 그렸다. 하늘의 옅은 구름과 달을 배경 삼아 강에서 한가로이 물속을 헤집는 백로와 물 위를 유유히 떠도는 갈매기에게 몇 살이나 되었냐며 묻는 모습에서 자연에 동화된 작가의 시상을 읽을 수 있다.

7절, 8절 나상(那上)은 '거기, 그곳'이라는 의미로 해석하였다. 사람을 태운 나룻배에서 사공이 노를 저으며 유유히 강을 건너는 느긋한 모습에서 강변의 한가함이 연상된다.

끝으로 맹의섭 선생이 저술한 추운실기(1972년 발간)에 연기팔경에 대한 설명이 수록되어 있는데 그중에서 <용당기암(龍塘奇巖)>에 대한 내용을 전재하면서 마무리하고자 한다.

'용당은 동면 명학리에 있는 깊은 웅덩이로서 금강물이 이곳에서 휘돌아 간다. 그 주변에 있는 바위가 그야말로 기암인데 보는 사람을 놀라게 하는 자태를 갖추

고 있다. 병오년(1906년 추정) 대홍수 전에는 용당 동북안에 부강장이 있었는데, 충남·북 일대에서 운반한 해륙물산을 가득 실은 배들이 숲을 이루듯 정박하던 곳이었다.

　탁류에 휩쓸린 부강장은 물길이 바뀌는 바람에 그 위치를 옮겼으나 용당은 변함이 없었다. 철도가 개통된 이후 하상 변화로 물건을 운반하던 큰 배의 운항이 불가하나 고기잡이배와 놀이배는 사철 볼 수 있다.
　층암절벽에 봄에는 진달래와 철쭉, 여름에는 녹음방초가 만발하고, 가을에는 붉은 단풍, 겨울에는 눈 덮인 소나무가 독야청청하는 경치가 시인·묵객의 눈길을 사로잡는다. 바위 정상에 부강의 부자 김학현 씨가 평양의 부벽루 못지않은 원모정을 건립하여 사람들의 칭송을 받고 있다.'

아~! 착한 며느리, 바위가 됐네

월봉은 전월산의 별칭이며 기암은 며느리 바위를 일컫는 것이다. 이 바위에 대한 전설은 1976년 발간된 연기군지에 수록되어 있다.

옛날 양화리 마을에 심성이 고약한 장(張)씨 성을 가진 부자가 살고 있었다.

어느 날 장 부자가 마당에서 퇴비 쌓기를 하고 있는데 백발이 성성한 노스님이 지나가다가 공양미 시주를 권하는 탁발 염불을 했던 모양이다. 그러자 심술기

달이 굴러서 오른다'는 전월산 중턱에 위치한 '며느리 바위'

그득한 부자는 스님의 바랑에 쌀 대신 퇴비를 한 삽 떠 넣었다.

옆에서 그 광경을 지켜보던 그 집 며느리는 대경실색하였다. 그리고 시아버지 몰래 집안으로 뛰어 들어가 바랑에 채울 만큼 넉넉한 양의 쌀을 들고나와 동구 밖을 막 나서던 스님에게 시아버지 대신 사죄하고 바랑의 퇴비를 쏟아 버린 후 들고 나온 쌀로 채워드렸다.

며칠 후, 며느리는 집안에서 베틀에 옷감을 짜려고 도투마리를 얹고 있었다.

그런데 갑자기 노승이 나타나더니 하는 말이 "오늘 오시(午時, 정오)에 이 집에 큰 변고가 생길 것이니 나를 따라 전월산으로 피해야 살 수 있소. 그리고 산에 오를 때에는 무슨 일이 있어도 떠나온 곳을 돌아보면 아니되오. 만일 돌아보면 큰 화를 당할 것이니 명심하시라."며 집 나서기를 재촉하였다.

이야기를 듣고 놀란 며느리가 엉겁결에 명주실 감은 도투마리를 머리에 이고 노승을 따라 전월산을 오르는데 뒤따르던 고양이가 얼마나 시끄럽게 "야옹! 야옹!" 하며 울어댔는지 무심코 뒤를 돌아보고 말았다.

그런데 이게 웬일인가? 대궐 같던 자기 집이 물속에 잠겨버린 것이 아닌가? 소스라치게 놀라서 "스님! 이게 무슨 일인가요?"라고 물어보려 하였으나 노승은 간데없고 시끄럽게 울어 대던 고양이는 바위가 되어 있었다. 그 순간 여인도 점차 바위로 변하고 말았다.

그때부터 사람들은 전월산 중턱에 있는 바위를 며느리 바위, 연못이 되어버린 장부자 집터를 장자소(張子沼)라고 불렀다는 전설이다.

며느리 바위는 전월산 정상에서 남서쪽 숭모각 방향으로 등산로를 따라 400~500보 정도 내려가다 보면 만난다. 이 산의 8부 능선쯤에 있는데 땅에 박힌 커다란 바위 위에 또 다른 널찍한 바위가 얹혀 있다.

여양진씨 대종회 진영은 회장의 말에 의하면 "1970년대만 해도 전월산에 지금처럼 나무가 울창하지 않았기 때문에 반곡리에서 며느리 바위를 바라보면 마치 등에 아기를 업은 시골 아낙네가 광주리를 머리에 이고 산에 오르는 것처럼 보였다"고 회상한다.

그러나 지금은 숲이 우거져 그 형상을 멀리서 조망할 수 없으니 이를 두고 안타깝다고 해야 할까? 다행이라고 해야 할까?

어쨌거나 이 시의 주제가 월봉기암(며느리 바위)이니, 전월산이 민둥산이었던 시절 강 건너 반곡리에서 며느리 바위를 바라본다는 상상을 하면서 이 시를 감상해 본다.

제10경 월봉기암(月峰奇巖)
전월산의 기암괴석
봉회월전작명원(峯回月轉作名園)
산봉우리 돌아 뜬 달이 멋진 정원 비출 때
암세최기화여혼(巖勢最奇化女魂)
바위 모양 기이함은 여인 넋이 변한 게라.
행면진편장뢰뢰(幸免秦鞭藏磊磊)

진시황 채찍 피해 다행히 큰 바위 아래 숨은 듯
원초곤화입헌헌(遠超崑火立軒軒)
먼 곤륜산 불마저 피한 듯 당당하게 서 있구나.
상함벽락천추색(上含碧落千秋色)
위로는 푸른 하늘 천 년 빛 머금었고
하압장강만리원(下壓長江萬里源)
아래로는 압도하니 금강이 멀리 흘러가네.
일편한산감공어(一片寒山堪共語)
적막한 산의 바위와 말이라도 나누고파
시시출망의교문(時時出望倚橋門)
때때로 나와 바라보네, 시렁문에 기댄 채

1절 첫 구절의 봉회월전(峯回月轉)에서 봉(峯)을 전월산으로 해석하면 현지 상황과 맞지 않게 된다. 제2경 토치명월(兎峙明月)에서 살펴본 바와 같이 반곡리에서는 달이 마을 동편의 토봉령(兎峯嶺)에서 떠오르기 때문이다. 그러므로 '토봉령 위에 뜬 달이 전월산을 비추니 멋진 정원이 되었다'라고 해석하는 것이 훨씬 자연스럽다.

2절 며느리 바위가 보일 정도로 밝은 밤이니 아마도 보름달인 듯하다.

3절 진편(秦鞭, 진시황의 채찍)은 진편석혈(秦鞭石血)에서 유래한 단어이다. 옛날 진시황이 바다 건너 해

전월산

돋는 곳을 보고 싶어서 돌다리를 놓으려 했다. 그때 신인(神人)이 나타나서 돌들을 바다로 내몰았다고 한다. 그런데 빨리 가지 않자 채찍을 휘둘러 돌에서 피가 흘렀다는 고사를 인용한 것이다. 작가는 며느리 바위가 그 가혹한 채찍을 피하려는 듯 큰 바위를 덮어쓴 채 숨었다고 표현하였다.

4절 곤화(崑火)는 화염곤강 옥석구분(火炎崑岡 玉石俱焚, 곤륜산에 불이 치솟으면 옥과 돌이 모두 탄다.)이라는 고사에서 유래하였다. 우뚝 서 있는 며느리 바위가 온전한 것은 곤륜산 불길을 피했기 때문일 것이라는 표현이다.

5절, 6절 벽락(碧落)은 푸른 하늘, 장강(長江)은 금강을 일컫는 것이다.

7절 일편한산(一片寒山)은 전월산의 특정한 부분, 즉 며느리 바위를 지칭한 듯하다. 달빛 휘황한 밤중에 집 밖으로 나온 시인이 멀리 보이는 며느리 바위와 대화하고픈 심경을 표현하였다.

8절 의교문(倚橋門)에 대한 해석이 난감하다. 직역하면 '다리문(橋門, 교문)에 기대서'라고 할 수 있지만 그러면 시를 읽는 맛이 나지 않는다. 교(橋)는 '건너다니는 다리' 뿐만 아니라 '나무를 가로질러 만든 시렁(선반)'이라는 뜻도 있으니 '시렁문에 기대서'라고 해석하는 것이 좀 더 맛깔나지 않을까?

경상, 전라, 충청 등 3도의 물이 합류하는 합강의 모습

넓은 강에 바람부니
물거품이 일어나네

 합강에 부는 맑은 바람! 듣기만 해도 시원한 느낌이다.

 합강을 소개한 첫 역사 문헌은 조선시대 명문장의 보고라고 불리는 동문선인데, 그 중에서 세종조에 집현전 직제학을 지낸 남수문이 지은 독락정기(獨樂亭記)라고 할 수 있다.

 남수문은 이 기문에서 그의 부친이 독락정을 건립한

임목(林穆, 임난수의 차남, 양양도호부사)과 절친이었다고 소개한다. 때문에 남수문은 임목을 늘 아버지처럼 섬겼는데 언젠가 임목이 남수문에게 말하기를 '우리 집안은 대대로 공주 금강 상류에서 살았는데 경상도, 전라도, 충청도의 강물이 이곳에서 합류하는 까닭에 그 땅을 삼기(三岐)라고 한다'고 술회하였다.

이 기록을 근거로 한다면 합강이야 말로 경상, 전라, 충청 등 3도의 물이 합류하는 진정한 의미의 삼기강(三岐江)이라고 할 수 있다. 이러한 연유로 합강부터 독락정까지 흐르는 금강을 일명 삼기강이라 했으며, 전월산 자락 '양화리'마을을 삼기리 또는 세거리라고도 불렀던 것이다.

또 1934년에 발간된 연기지에는 동진강(미호강) 하류를 오강(吳江), 금강의 부강하류를 초강(楚江)이라고 부른다며 오강과 초강이 만나는 지점을 합강이라고 소개하고 있다.

이러한 유래를 가지고 있는 합강은 주변 풍광이 수려하여 예로부터 시인묵객의 발길이 끊이지 않았던 곳이다. 때문에 16세기 초 합강 동쪽 강안에 인천채씨 문중에서 합강정을 건립하였다고 전한다. 금강 8정의 하나로 알려진 합강정에는 송준길 등 당대의 유명한 문객이 들렀으며 조지겸 등이 시를 읊었다는 기록이 있다.

합강정은 1800년 후반 무너졌다고 하는데 인천 채씨 문중에서 여러 번 복원을 시도하였지만 그때마다 기상이변으로 무산되었다고 한다. 건물을 세우고 지붕을 올리려고 하면 큰 비바람이 불고 홍수가 나서 기왓장이 날아가고 건물이 휩쓸려 갔다는 것이다.

사람들은 '이 곳에 도깨비가 사는데 이 아름다운 터전을 사람들에게 빼앗길까 봐 정자를 짓지 못하도록 조화를 부린 것'이라며 결국 복원을 포기했다는 이야기가 지금도 전해지고 있다. 그러다가 2011년에 복원되었으니 이제는 도깨비들도 인간과 상생하기를 원하고 있는 것일까?

2011년 복원된 합강정, 현판 글씨는 제17대 이명박 대통령의 친필이다.

합강소개에 합호서원이 빠질 수 없다. 이 건축물은 숙종조에 순흥안씨 문중에서 안향선생의 영정을 모시기 위해 처음 짓기 시작하였다. 이후 순조 조에 서원으로 발전하여 인근 서생의 교육을 담당하였으나 철폐령으로 훼철되면서 합호사로 개칭하고 안향 선생의 제향만 지내 왔다.

그러다가 1949년(기축년) 9월에 지금의 형태로 복원하였고 현재는 세종시 문화재 자료로 지정되어 보호를 받고 있다. 마을 북쪽의 출동산 내맥이 뻗어와 응결된 터에 자리잡은 합호서원은 좌우로 황우산과 노적산이 감싸고 있으며 전방에는 금강과 동진강이 합수하는 자연환경을 갖추고 있어서 풍수상으로 손색이 없다고 하는데 행정구역상 합강동(5-1생활권)에 속해 있다.

맑은 가을 날 합강에 떠있는 조각배에서 한적하게 낚시하는 노인의 모습을 연상하며 시를 감상해 본다.

제11경 합강청풍(合江淸風)
합강에 부는 맑은 바람
분기장강쌍미합(分圻長江雙尾合)
갈라진 데부터 장강이라, 두 꼬리 합치는 곳
유풍호탕기포화(有風浩蕩起泡花)
넓은 강에 바람부니 물거품이 일어나네.
성광만재시선도(聲光滿載詩仙棹)

바람 소리, 햇빛 가득한 배에 노젓는 저 시선은
기미편다조수가(氣味偏多釣叟家)
취미도 유별난 늙은 낚시꾼이라네.
곤곤양양류부진(滾滾洋洋流不盡)
넘실넘실 큰 물결 끊임없이 흐르고
소소슬슬동개사(蕭蕭瑟瑟動皆賖)
소슬 바람불어 오매 이 모든 것 빌리려네.
정주우치배회월(汀洲又值徘徊月)
백사장도 값 쳐주며 달 아래 배회하니
수득쌍청송세화(誰得雙淸送歲華)
뉘시오? 쌍청을 얻으며 세월을 보내는 이!

순흥 안씨 문중에서 안향선생을 모시는 합호서원

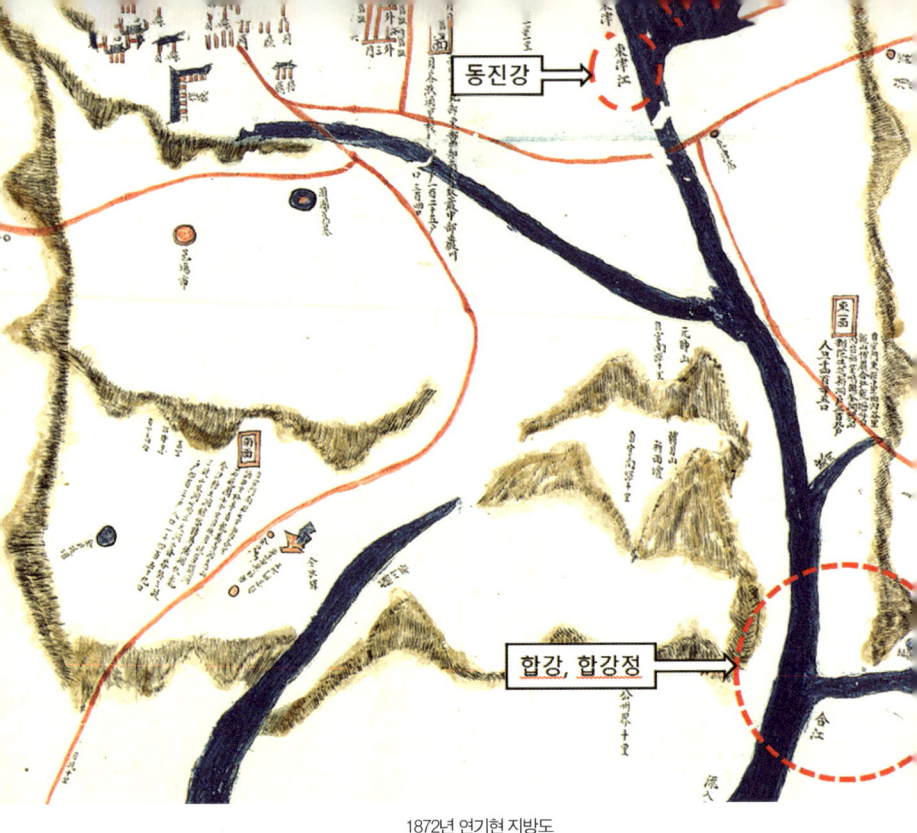

1872년 연기현 지방도

1, 2절 분기(分岐)는 동진강이 끝나는 지점을 일컫는 것이고, 쌍미합(雙尾合)은 제비꼬리처럼 두 강물이 만나는 합강을 일컫는 것이다. 호탕(浩蕩)은 '물이 한없이 넓게 흐르는 모양'을 의미한다. 금강과 동진강이 만나는 넓은 곳에 바람이 불고 물결이 일렁이는 모습이 연상된다.

3, 4절 바람소리와 햇빛만 가득한 배, 즉 빈 배에 올라타 노젓는 이를 시선이라고 추켜 세우며, 그 노인은 유별나게 낚시를 좋아하는 취미를 가졌다고 강조하고

있다. 자연을 벗 삼아 유유자적하는 작가의 삶을 빗댄 표현인 것으로 보인다. 편다(偏多)는 '특정한 것을 지나치게 좋아한다.'로, 조수가(釣叟家)는 '나이든 낚시꾼'으로 의역하였다.

5, 6절 시인은 넘실넘실 흐르는 강물과 청량하게 불어오는 가을바람이 퍽이나 좋았던 모양이다. 값없이 그저 누리기만 하면 되는 것임에도 굳이 돈주고 빌리겠다고 하였으니 자연의 가치를 인정한 극찬이라 할만하다. 사(賖)는 '세를 낸다'는 의미가 있다.

7절 정주(汀洲)는 물가의 모래톱(백사장)이며 치(値)는 값을 뜻하니, 물가의 백사장도 값을 치르겠다고 한다.
8절 쌍청(雙淸)의 원전은 두보 시 병적(屛跡) 2수 중 마지막 구절 '장려종백수 심적희쌍청(杖藜從白首 心迹喜雙淸, 지팡이 짚고 흰머리 되어가니, 마음과 자취 둘 다 맑아 기쁘구려.)'이다. '마음과 행실에 때가 묻지 않은 맑은 상태'를 쌍청이라고 해석할 수 있겠다.

쌍청에 대한 또 다른 해석은 광풍(光風, 비가 그치고 해가 나온 뒤 부는 상쾌한 바람)과 제월(霽月, 비 갠 뒤 비치는 밝은 달)이라고 한다.

시제가 합강청풍인 점에 방점을 두면 쌍청의 의미를 '광풍과 제월'이라고 할 수도 있지만, 자연을 존중하는 작가의 의도를 고려한다면 '마음과 행실에 때가 묻지 않은 맑은 상태'라고 보는 것이 맞지 않을까?

시가 전반적으로 청량하고 밝으며 상쾌한 느낌을 준다. 특히 후반부의 자연존중 의도가 돋보이며, 마지막 구절에서 쌍청을 강조한 대목은 욕심없는 작가의 정신적 내면을 잘 표현한 것이라고 할 수 있겠다.

부강나루터

1960년도 부강 전경

부강장에 짙은 저녁노을 펼쳐졌다

부시낙하는 '부강장(芙市)의 저녁노을(落霞)'이라는 뜻이다.

부강면의 연혁은 이러하다. 조선시대에는 문의군 삼도면이었다가, 1914년 전국의 행정구역이 개편될 때 청주군 부용면으로 관할관청과 명칭이 바뀌었다. 그리고 2012년 세종특별자치시로 편입되면서 명칭도 부강면으로 변경되었다.

부강장에 대한 기록은 1899년에 발간된 호서읍지와 충청남도읍지 공주편에서 찾아 볼 수 있다. 이 문헌들의 강역 및 읍시편에 '부강리는 공주관아로부터 동북 50리에 있다', '부강장은 공주에서 동쪽 50리에 있으며 1, 6일 장이 열린다.'라고 기록되어 있다.

당초 부강장터는 부강면과 금남면 부용리 사이를 흐르는 금강의 중간 하중도(河中島, 섬), 즉 공주목 명탄면 부강리(금남면 부용리)지내에 있었다. 그러다가 홍수로 몇 차례 물줄기가 바뀌면서 딴만들로, 구들기(鳩坪, 구평)로, 현재 위치로 이전을 거듭하였던 것이다.

부강장과 관련하여 1912년 일제가 조사한 '이생포락에 관한 조사 청취서'에 다음과 같은 내용이 있다.

조사단이 주민에게 "부강장은 문의군에 붙어 있는데 왜 공주군에서 관할하는가?"라고 물으니 "원래 부강장은 강 가운데 공주목 지내의 섬에서 열렸었는데, 홍수 때문에 섬이 삼도면(부강면)에 붙게 된 것이다. 그래서 지금도 공주에서 관할하는 것이다"고 대답했다는 것이다. 부강장터와 관할 관청의 변천사를 알 수 있게 하는 대목이다.

실제로 한때 부강장이 열렸던 딴만들은 부강면에 연

접해 있었으면서도 2012년 6월 30일까지 연기군 금남면 부용리에 속했다가, 세종시가 출범하던 7월 1일 부강면에 편입되었다.

부강장은 서해의 큰 배가 오갔던 금강 상류의 마지막 포구였다. 금강 8대포구의 하나로 명성을 날렸던 향시(鄕市)로서, 번창기에는 장날마다 강어귀에 100~200척의 돛단배가 정박할 정도였다고 한다.

그시절 '부강장에 가면 김으로 불쏘시개를 하고, 명태로 부지깽이를 한다.', '부강장에는 개도 돈을 물고 다닌다.'라는 우스갯소리가 있었다는 이야기가 지금도 전해지고 있으니 이곳에 얼마나 많은 해륙물산이 넘쳐 났을지 짐작이 간다.

이렇게 번창하던 부강장이 사양길에 접어든 것은 경부철도가 부설되고 부강역이 개설되면서 물류 수송의 주도권을 철도에 빼앗기고부터였다. 그래도 일제 강점기까지는 금강 뱃길이 주요 교통수단이었기 때문에 그런대로 명성을 유지할 수 있었다.

그러나 금남면 대평리를 휩쓸어간 1946년(병술년) 수해에 부강장도 회복 불가능한 피해를 당했다. 홍수가 운반해온 모래 때문에 부강포구가 기능을 상실했을

뿐만 아니라 구들기 장터로 물이 들어와 폐허가 되는 바람에 현 장터로 이전한 것인데, 그 후 부강장의 명성도 점차 빛바랜 전설로 남게 된 것이다.

다행히 1966년 부강장터였던 구들기에 대한프라스틱 공장(현. 한화L&C)이 들어선 이래 지금까지 부강의 지역경제 활성화에 도움을 주고 있으나, 번창했던 부강장의 자취는 찾아볼 수 없으니 안타까울 뿐이다.

부강장 위치

이제 황포돛배와 해륙물산으로 활기가 넘쳤던 부강포구와 장터(구들기) 마을의 어느 여름날, 저녁노을에 비친 풍경을 그려보며 이 시를 감상한다.

제12경 부시낙하(芙市落霞)
부강장의 저녁 노을 등이다.
몽몽만시습조휘(濛濛晚市濕朝暉)
몽몽한 저녁 장터, 촉촉한 아침같이 휘황하기에
의시운연내각비(疑是雲煙乃覺非)
구름인가 연기인가 했더니 아니로구나.
고목제비평야수(孤鶩齊飛平野樹)
외로운 강오리는 노을따라 날아가 들녘 나무에 깃들고
유선응불박예의(遊仙應拂薄霓衣)
노닐던 신선은 엷은 무지개로 값을 치르네.
경경검소진두산(輕輕黔沼津頭散)
빠르게 흐르던 물은 검소나루에서 흩어지고
점점황우령상귀(點點黃牛嶺上歸)
점점이 흩어진 구름은 황우산으로 돌아가누나.
약사화공모차경(若使畫工模此景)
만약 화공에게 이 풍경 그리라 하면
명사기내로망기(明沙其奈鷺忘機)
백사장의 기심 잊은 해오라기는 어떻게 그릴까?

1, 2절 몽몽(濛濛)은 대기가 촉촉한 상태를 말한다. 안개 낀 듯 희뿌옇게 보이는 석양의 부강장터 풍경이 연상된다. 의시(疑是)는 '마치~같다.'라고 해석한다.

3절 고목제비(孤鶩齊飛)는 명문장으로 유명한 등왕각

서(腾王閣序)의 '낙하여고목제비(落霞與孤鶩齊飛, 노을 따라 외로운 강 오리가 나란히 나네.)'라는 구절을 인용했다.

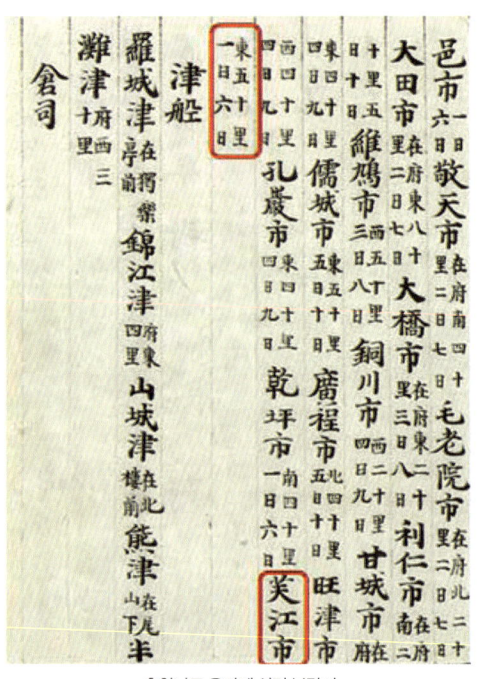

충청남도 읍지에 실린 부강시

4절 박예(薄霓)는 희미한 무지개를 뜻한다. 부강 하늘에 무지개가 떴다면 비 내리는 계절이었을 것이다. 비 갠 하늘에 태양을 등져야 무지개를 볼 수 있으니, 작가가 시상을 떠올린 장소는 아마도 강 건너 빙이(금남면 부용리)나 용댕이 나루였을 것이다. 무더위가 기승을 부리던 어느 여름날, 시원한 소낙비가 한줄금 지나간 뒤 옅은 무지개가 부강 하늘에 걸린 모습이 연상된다.

5절 6절, 검소진(黔沼津)은 오래전에 유성 구죽동의 녹골나루와 이어지던 뱃턱이다.

검소(검시 또는 검담)는 금호1리를 휘감아 돌던 강물이 만든 물웅덩이로서 수심이 깊고 검푸르다 해서 붙여진 지명인데, 동춘당 송준길 선생의 유적인 검담서원(黔潭書院)도 검소에서 유래한 이름이다.

황우령(黃牛嶺)은 연동면 명학리 황우산을 지칭하는 것이다.

금강 상류에서 빠르게 흘러오던 강물이 검소나루 근처의 깊은 호소(湖沼)에서 멈추듯 천천히 흐르는 모습과 저녁노을에 조각구름이 황우산으로 흘러가는 풍경을 그렸다. 강과 산, 물과 구름, 빠름과 느림을 대조하는 기법으로 시흥을 한층 돋우어 주고 있다.

7, 8절 약사(若使)는 '만약~하게 한다면'이라고 해석한다.

속세의 벼슬을 버리고 자연과 더불어 살아가는 작가

의 심경을 「기심 잊은 해오라기(로망기, 鷺忘機)」로 표현한 듯하다. 망기(忘機)는 구로망기(鷗鷺忘機, 갈매기와 해오라기와 놀며 세상일을 잊음)라는 고사에서 유래하였다.

『옛날에 갈매기를 좋아하는 사람이 아침마다 바닷가에서 100여 마리의 갈매기와 함께 놀곤 하였다. 그 아버지가 말하기를 "네가 갈매기와 더불어 논다는 소문을 들었다. 그러니 갈매기를 잡아 오너라. 나도 그렇게 놀고 싶구나"라고 했다.

1900년대 부강의 황포 돛대

다음날 그 사람이 바닷가로 나갔는데 그동안 함께 춤추던 갈매기들이 내려 오지 않았다.』는 이야기이다. '계교와 사심이 없으면 새도 의심하지 않지만 그렇지 않으면 새도 멀리한다.'라는 우화로, 인간에게 사악한 마음이 없을 때만이 자연과 벗할 수 있다는 교훈을 주고 있다.

저녁노을에 물드는 부강장의 한적한 풍경, 금강과 황우산의 평화로운 모습, 그리고 부귀영화에 뜻이 없는 작가의 심경을 잘 그려낸 작품이라 할만하다.

후기(後記)

    부시낙하(芙市落霞)를 끝으로 화잠소창에 수록된 한시 『태양십이경』에 대한 해설을 마무리하게 되었습니다만, 해박하고 수준 높은 화잠 진세현 선생님의 학문적 경지에 비추어 볼 때 어리석은 제 역량으로 작가의 시작(詩作) 의도를 헤아려 보겠노라 달려든 것이 무모했다는 생각에 부끄러운 마음이 앞섭니다.

    그럼에도 태양십이경을 소개한 것은 빼어난 12수의 시에 녹아있는 금강 주변의 지리, 역사와 이야기를 곁들임으로써 지역 문학사에서 보기 드문 수준 높은 한시에 대한 독자의 이해를 돕고 싶다는 생각 때문이었습니다.

    해설하는 동안 화잠 선생님의 탁월하신 문학적 소양에 깊은 감동을 받은 것은 그동안 우리가 무심코 지나쳤던 주변 풍경을 평소 접하기 어려운 전고(典故)를 인용하여 훌륭하게 표현함으로써 세종시의 자연풍광에 대한 자긍심을 일깨워 주신 점입니다.

이 지면을 빌려 화잠 선생님께 각별한 존경과 추모의 예를 올립니다. 그리고 선대의 소중한 문집을 그동안 잘 보전했다가 이를 기증하신 화잠선생 직계 후손들과,『태양십이경』의 문학적 가치를 발견하고 원문을 한글로 번역해서 세상에 알리기까지 수고를 다하신 국립민속박물관 김호걸 박사님께 깊은 감사를 드립니다.

　한 가지 바람이 있다면 향후『태양십이경』이 수록된『화잠소창』에 대해서도 한글 번역은 물론 심도 있는 연구가 이루어져 이 문집이 지역문학사의 한 부분을 채우는 소중한 향토문화재로 지정되기를 소망합니다.

　끝으로『태양십이경』해설이 연재되는 동안 각종 자료제공과 격려를 아끼지 않으신 '반곡 역사문화보존회' 김동윤 회장님과 회원 여러분, 여양진씨 대종회 진영은 회장님, '세종의 소리' 지면에 매월 연재해 주신 김중규 대표님께 감사드리며 후기에 대하고자 합니다.

2024. 2. 24.
해설가 윤 철 원 배상

낙향선비 진세현, 한시로 노래한 태양 12경
반곡은 아름다웠다

해설가 윤철원

발 행 일	2024년 3월 1일
해　　설	윤철원
발 행 인	李憲錫
발 행 처	오늘의문학사
출판등록	제55호(1993년 6월 23일)
주　　소	대전광역시 동구 대전로867번길 52(한밭오피스텔 401호)
전화번호	(042)624-2980
팩시밀리	(042)628-2983
전자우편	hs2980@hanmail.net
카　　페	cafe.daum.net/gljang(문학사랑 글짱들)
인터넷신문	www.k-artnews.kr(한국예술뉴스)
공 급 처	한국출판협동조합
주문전화	(02)716-5616
팩시밀리	(02)716-2999

ISBN 979-11-6493-314-3(03810)
값 15,000원

ⓒ윤철원 2024

* 이 책의 판권은 저작권자와 오늘의문학사에 있습니다.
* 이 책은 E-Book(전자책)으로 제작되어 ㈜교보문고에서 판매합니다.
* 잘못 만들어진 책은 구입하신 서점에서 교환해 드립니다.